월 / 드 / 컵 / 장 / 외 / 리 / 그

히딩크 리더십유머

엮은이 편집부 스포츠 팀

히딩크 리더십 유머

2002월드컵 유머

아는 만큼 보이는 축구

머리말

　온 나라의 축제 속에 월드컵이 성공적으로 끝났습니다.
　축구에 있어서 우리나라가 아시아에서는 호랑이 소리를 들었지만 세계무대에 나가서는 이제껏 너무나 초라한 성적표를 들고 들어왔습니다. 그러나 이번 한일 월드컵에서 우리나라는 당당히 세계 4강이라는 꿈만 같은 결과를 낳았을 뿐만아니라 우리 자신들도 놀라고 만 우리 국민의 단합된 모습을 전세계인들에게 보여 주었습니다.
　이러한 결과가 있기까지는 축구관계자들과 선수 그리고 온 국민의 성원과 붉은 악마들의 조직적인 축구 사랑이 큰 역할을 했다고 보겠습니다. 또한 여기서 빼놓을 수 없는 것이 명장 히딩크의 뛰어난 리더십이 없었더라면 세계 4강이라는 신화가 이루어졌을까 하는 의문을 갖지 않을 수가 없습니다.
　그리고 월드컵 축구로 인해 히딩크, 붉은 악마, 축구 선수들에 관한 관심은 수많은 일화들과 유머, 에피소드를 만들어냈습니다. 특히 히딩크에 관한 리더십 유머는 그 압권이라고 할 수 있습니다.
　이 책에서는 히딩크의 리더십 유머뿐만아니라 장안에 많은 사람들의 입에서 입으로 회자되고 있는 월드컵 축구에 관련된 유머와 일화들 중에서 엑기스만을 모아 놓았습니다. 또한 축구에 관한 용어와 기록, 그리고 규칙을 실어 축구를 보는 눈을 한 단계 업그레이드 하였습니다.

편집부 스포츠 팀

목차

제1장 히딩크 리더십 유머

내 시계에 맞춰 / 11
이거 가지고 가야지 / 12
산낙지 소동 / 13
나도 알아듣는다구 / 14
그는 외계인 / 15
장난꾸러기 히딩크 / 16
닉네임 / 17
그래, 나 거짓말쟁이다 / 18
반칙왕, 히딩크 / 19
이게 우리 거냐? / 21
감독님, 그건 저예요 / 21
전화위복 / 23
어쩔 수 없잖아 / 24
깊은 뜻이 숨어 있는 붕대 / 24
오노! 김치 / 25
하이힐이라도 신지요 / 27
왕자병 / 28
스승의 날 / 28
그것만큼은 곤란한데 / 29
사실은 나도 힘들어 / 30

마이웨이 / 31
이거 누구 거에요? / 32
그녀가 좋아하나 봐 / 34
도박사 히딩크 / 34
우리 팀이 아닌데? / 35
그의 한국어 실력 / 36
캡틴, 내 차 타고 가 / 37
모든 선수와 인터뷰를 / 38
경기의 일부일 뿐 / 38
내 인형인데… / 39
보신탕 / 40
그의 징크스 / 40
속옷마저도 인기절정 / 42
배우 히딩크 / 43
어리나, 참게나 / 45
한국사람 다 된 히딩크 / 46
여기서도 붉은 악마 / 46
파르세펠즈 / 47
한국말 어려웠어요 / 48
작별 인사 / 49

제2장 2002 월드컵유머

붉은 악마와 응원을…

4강 깃발 / 51
혼신을 다한 응원 / 51
축구가 뭐길래 / 52
어이없는 안내 방송 / 53
모범생 / 54
공짜가 좋아 / 54
뭔가 이상해 / 56
응원의 생활화 / 56
최고의 응원 / 57
응원단 인터뷰 / 58
거리 응원에서 / 58
월드컵 유치에 얽힌 비화 / 59
붉은 악마 / 60

수험생과 히딩크

수험생의 한 마디 / 61
히딩크 이론 / 62
학교에서 / 62
히딩크식 수험생 어록 / 63
히딩크가 충고하는 수능 공부법 / 67

못말리는 월드컵 열기

월드컵 증후군 / 68
2002 월드컵 공인구 / 69
월드컵 관전기 1 / 70
월드컵 관전기 2 / 71
아주리 군단 / 72
우리는 형제 / 73
그는 베컴 팬 / 73
여자들의 이야기 / 74
전염병 / 75
너무 불쌍해 / 76
지단이 없다고 지다니… / 76
월드컵이 사회에 미치는 현상 / 78
세상에서 가장 심한 욕 / 79
월드컵 입장권 손쉽게 사는 법 / 79
차두리 지롱 / 80
신종 자살법 / 80

목차

축구란? / 81

동네 축구와 조폭의 공통점 / 82

고스톱 / 83

신약 개발 광고 / 84

스팸 메일 / 84

월드컵 전과 후 / 85

월드컵 중계석

축구 중계 말 바꾸기 / 87

약팀과 강팀의 차이 / 88

축구 스타와 축구 선수의 차이 / 89

월드컵 속담

월드컵 속담(난이도 下) / 91

월드컵 속담 (난이도 中) / 92

월드컵 속담 (난이도 上) / 94

월드컵과 히딩크

히딩크의 죄목 / 98

히딩크의 운명 / 99

긴 말 안 한다, 남아라 / 101

믿거나 말거나 월드컵 징크스

월드컵 징크스 / 103

월드컵 속설 / 105

한국에서 만든 월드컵 속설 / 106

(1970+1994)-2002…우승공식 / 108

선수들의 이름

선수들의 이름 / 109

덴마크 축구가 센 이유 / 111

맥주와 안주 / 111

유명 선수들의 반칙 대처법 / 112

베컴이 짐싼 이유 / 113

나는 승리를 확신한다 / 113

피버노바 / 114

헤딩슛의 비밀 / 114

작전회의 / 115

포르투갈이 우리에게 진 이유 /116

포르투갈 16강 탈락의 비밀 / 117

축구와 섹스

월드컵 이전 한국 축구와 섹스 / 118
축구와 섹스의 공통점 / 118

선수들 이야기

선수들 이야기 / 120
준결승에서 독일 때려잡기! / 123
키 스 / 125
선수들 이름으로 삼행시 / 126
필승코리아 오행시 / 130
사강고등학교 / 132
이름이? / 137
내 연봉에서 까라구 하세요 / 138
내가 뭘 어쨌다고? / 139
용감무쌍 남일이 형 / 140
진공청소기 / 141
너무 솔직해서 / 142
분위기 메이커, 김남일 / 143

나이트 클럽 / 144
국민대축제에서 / 145
포상금 3억원 / 146
히딩크의 황태자 / 146
염색한 이유 / 148

제3장 아는 만큼 보이는 축구

1. FIFA란 / 151
2. 축구 경기 규칙 / 156
3. 축구 용어 / 167
4. 포지션별 용어 / 187
5. 기록으로 보는 월드컵 이야기 / 189
6. K리그 / 206
7. 경기장 / 208

월/드/컵/장/외/리/그 제1장

히딩크 리더십 유머

내 시계에 맞춰

Worldcup Leadership Humor

　히딩크의 아인트호벤 감독시절 이야기다. 그는 1986년부터 1990년까지 네덜란드 아인트호벤에서 감독 생활을 했는데, 당시 아인트호벤에는 자신이 직접 발굴해 데려온 브라질의 호마리우가 선수 생활을 하고 있었다.
　호마리우는 나날이 기량이 발전해 최고의 선수가 되었고 스타 선수인만큼 점점 통제하기 어려운 말썽꾸러기가 되어 가고 있었다. 일례로 훈련이나 미팅 시간에 다른 선수들은 5~10분 전에 모여 기다리고 있는데 호마리우만은 언제나 허겁지겁 정시에 모습을 드러냈다. 이래서는 안 된다고 생각한 히딩크 감독. 그를 길들이기 위해 한 가지 꾀를 내기로 했다.
　경기가 있던 어느 날 오후, 히딩크는 집합 지시를 내리고서 자기 손목시계를 10분이나 빠르게 맞춰 놓았다. 그리고 미팅 시간. 이번에도 역시 호마리우는 정시가 되어서야 나타났다. 그러자 히딩크는 그가 약속시간에 10분이나 늦었다며 호통을 쳤다.

히딩크: 이봐, 10분이나 늦었잖아! 경기 당일에 지각하다니 대체 정
　　　　신이 있는 거야, 없는 거야? 너 오늘 경기는 못 나가는 줄 알아!
호마리우: (놀라며) 아니, 감독님. 저 정확히 시간에 맞춰 왔는데 왜 그
　　　　러세요. 감독님 시계가 잘못된 거잖아요! 그렇다고 경기를

못 뛰게 하다니 정말 말도 안 돼요.
히딩크: 잔소리 하지마. 모든 시간은 내 시계를 기준으로 흐른다는
걸 알아야지. 하여간 넌 오늘 못 뛰어.

그날 경기에 출전하지 못한 호마리우는 다음 미팅부터는 빨리 나타났고, 그 직후 벌어진 경기에서 5분 만에 해트트릭을 기록했다. 그리고 히딩크가 아인트호벤을 떠날 때 누구보다 아쉬워했던 그는 유럽컵 경기에서 히딩크를 재회했을 때 왈칵 눈물을 쏟았다.

이거 가지고 가야지

대한민국의 4강 신화를 이룬 한일 월드컵 기간 동안 대표팀 골키퍼 김병지 선수는 둘째를 득남했다.

아내가 곧 해산할 것 같다는 연락을 받은 때는 마침 터키전을 앞두고 막바지 훈련중이었기 때문에 김병지는 외출 허락을 받으러 히딩크 감독에게 사정을 이야기 했다.

김병지: 저, 감독님. 아내가 둘째를 곧 낳을 것 같답니다. 포항 집에
가서 아기 좀 보고 오겠습니다.
히딩크: 오! 병지. 너무너무 축하해. 어서 아내한테 가보라구.
하며 그를 꼭 안아주었다. 그리고나서 그에게 물었다.
히딩크: 근데 자네 그건 챙겼나?
김병지: (어리둥절해하며) 뭘요?
히딩크: 자네 골키퍼잖아. 아이 받을 때 장갑 끼고 받는 거 잊지 말라구.

산낙지 소동

Worldcup Leadership Humor

울산에서 전지 훈련을 하던 때였다.
　선수들과 감독, 스태프들이 함께 모여 회식을 가졌는데 그날의 회식 장소는 울산답게 역시 횟집이었다. 비릿한 생선 냄새와 독한 마늘 냄새에 정신을 차릴 수 없었던 히딩크 감독. 그러나 그것은 시작에 불과했다. 식탁에는 살아서 꿈틀꿈틀 움직이는 산낙지가 보란 듯이 떡하니 놓여 있던 것.

히딩크: (기겁을 하며) 헉. 이게 뭐지?
선　수: 이거 진짜 맛있어요. 감독님도 얼른 드셔보세요.

　기대감에 가득 찬 눈으로 일제히 자신을 쳐다보는 똘망똘망한 선수들의 눈초리가 부담스러운 히딩크 감독. 머리를 짜내어 빠져나갈 궁리를 한다.

히딩크: 음… 이건, 아무래도 한국과 네덜란드의 우의를 다지기
　　　　위해 얀 룰프스 코치가 먹는 게 어떨까?
얀 코치: 오, 이런. (역시 재빨리 머리를 굴리고)
　　　　저는 우리 팀이 월드컵 4강에 진출하면 그 기념으로
　　　　이 음식을 먹도록 하지요.

　듣고 있던 히딩크. 가소로운 듯이 한 마디 한다.

히딩크: 자네는 목표 의식이 그렇게 없단 말야?
나는 우리가 결승에 진출하면 이걸 먹겠네. 꼭 보라구.

그 이후 히딩크는 대표 팀 회식에는 잘 나타나지 않았다.

나도 알아듣는다구

Worldcup Leadership Humor

대표팀 감독직 계약서에 사인을 하고 기자회견을 가진 히딩크 감독.

기자회견장은 취재를 하러 온 사람들로 가득 찼고 저마다 열띤 질문공세를 펼치고 있었다. 당연히 한국말을 알아들을 수 없는 히딩크는 통역을 거쳐 질문에 답하고 있었는데 한 기자가 이런 질문을 했다. 물론 한국말로 물어보았다.

기　자: 이번에 당신과 함께 오는 피지컬 트레이너(physical trainer)와 코치(coach)에 대해서 소개를 좀 해주시죠.
그러자 통역을 거치지 않았는데도 재빨리 대답하는 히딩크.

히딩크: 당신이 뭘 물어보는지 알겠습니다. 피지컬 트레이너와 코치 말씀이죠? 사실 나 한국말 알아듣는다구요.

그는 외계인

히딩크는 한국 대표팀 감독으로 부임하면서 네덜란드인 얀 룰프스 기술 감독관을 데리고 함께 왔다.

얀 감독관을 처음 본 사람들은 2미터에 가까운 거인 같은 체구에 놀랐는데 그가 처음 한국에서 겪은 어려움은 음식이나 언어소통 문제가 아니라 바로 옷이 없다는 것. 키가 198cm, 신발 사이즈는 무려 300mm나 되다보니 맞는 옷이 없어 추운 겨울 날씨에도 발목이 훤히 드러나는 짧은 트레이닝복을 입고 있어야만 했다.

옷이 마련될 때까지 추위에 떨고 있는 그를 보고 미안해하던 대표팀 물품 담당관이 히딩크에게 이야기를 했다.

사정을 듣고 난 히딩크, 우스개로 한 마디.

"당신한테만 가르쳐주는 건데 사실, 그 친구는 목성에서 온 사람이야. 그래서 신체가 비정상적이거든."

장난꾸러기 히딩크

히딩크가 부임한 지 두어 달 지났을 때였다.

아직 히딩크보다는 선수들의 인기가 많던 시절. 대표팀 선수들이 훈련을 마치고 버스에 올라타려는데, 내내 선수들이 나오기만을 기다리던 여고생 팬들이 팀내 최고참인 노장 선수 한 명에게 사진을 같이 찍자고 졸라댔다.

그 모습을 지켜보던 히딩크. 장난기 많은 그가 그냥 지나갈 리 없다.

히딩크: 너희들, 이 친구 팬이니?
학생들: 당연하죠. 우리가 얼마나 좋아하는데요.
　　　　오빠 너무 멋지잖아요.
히딩크: 흠, 그래? 정말 좋아하나 보구나.

사진을 찍는 동안 계속 옆에서 말을 붙이더니 돌아서면서 소녀들에게 한 마디하고 간다.

히딩크: (의미심장하게 웃으며) 근데 그 친구가 노땅이라는 건 아니?

닉네임

한국말이 익숙하지 않은 히딩크한테는 선수들의 이름 부르는 것도 만만치 않았다.

그동안 대표팀에 소집해 테스트한 선수들만 해도 50여명. 그 중에서 같은 성씨들도 많다보니 성으로 부를 수도 없는 일. 게다가 선수들 이름이 히딩크가 발음하기에 결코 쉽지 않았으니 말이다. 고민끝에 히딩크는 선수들에게 서양식으로 닉네임을 붙여 부르기로 했다.

릴리-이천수: 백합(lily)이 아니다. 프랑스 릴 지방 소속 클럽에 입단을 추진한 바 있는 리(Lee) 선수라는 뜻이다.
후아니-황선홍: '-니' 를 붙여 부르기 좋아하는 히딩크가 '황' 을 스페인식으로 '후안' 으로 고치고 부른 닉네임.
아니-안정환, 유니-윤정환: 성에 역시 '-니' 를 붙여서.
지니-최진철: 대표팀에 최씨가 많아서일까, 가운데 글자인 진에 '-니'.
오시-최성용: 오스트리아 (라스크 린츠)에서 선수 생활을 한 바 있어서.
제프 최-최용수: 일본 J리그 제프 유나이티드 소속이라 소속팀을 붙였다.
쿠키-송종국: 마지막 글자 '국' 때문에. 가끔 '송 ' 라고 부른다.
이민성-하산: 까무잡잡한 피부와 외모가 아랍인을 연상시켜서.

그러나 발음이 쉬운 선수들 이름은 그냥 부른다. '두리', 김남일은 '나미뤄', 그리고 이영표는 '용표' 라고 힘겹게….

그래, 나 거짓말쟁이다

Worldcup Leadership Humor

현대 축구에서는 강력한 체력을 가져야만 살아남을 수 있다고 늘 강조하는 히딩크.

역시 그의 말은 옳았다. 파워 프로그램으로 담금질한 한국 선수들의 체력과 순발력에 전 세계가 경악을 금치 못했다. 월드컵이 열리는 6월에는 세계를 깜짝 놀라게 하겠다던 그의 말을 당시엔 아무도 믿지 않았지만 월드컵을 마친 후에야 모든 사람들은 그의 약속이 옳았다며 고개를 끄덕였다.

그러나! 그가 늘 진실만을 이야기했던 것은 아니었다. 월드컵을 앞두고 고된 연습과 훈련을 반복하던 어느 오후에 벌어진 일이다.

히딩크: 자. 이제 세트 플레이 연습은 그만하고, 5분짜리 미니게임 딱 8번만 하고 오늘 훈련을 끝내자구.

선수들, 거듭되는 훈련에 잔뜩 지쳤지만 월드컵 16강 진출을 위해선 몸을 사릴 때가 아니라는 생각에 열심히 미니게임을 했다. 8번을 모두 마치고 땀을 흠뻑 흘린 선수들. 이제서야 오늘 훈련은 끝이구나 하고 내심 좋아하고 있을 때.

히딩크: 모두 수고했다. 그런데 딱 한 게임만 더 해볼까?

선수들 딱 한 번이라는 그의 말에 좀더 힘을 내기로 한다. 5분의 게임이 끝나자.

히딩크: 흠... 좋아. 하지만 한 번만 더 해보자구.

결국 여덟 번에 마치려던 그날 게임은 열 번을 다 채우고야 말았다.

선수들: 감독님 너무해요! 여덟 번 하기로 약속해 놓구선.
히딩크: 그래, 나 거짓말쟁이다, 어쩔래?

반칙왕, 히딩크
Worldcup Leadership Humor

한국 선수들이 종종 족구 경기하는 모습을 본 히딩크.
처음에는 저게 뭘까하고 신기하게 생각했지만 족구가 훈련 전 몸풀기용으로는 안성맞춤인데다가 재미까지 있다는 걸 알고부터는 선수들이 벌이는 족구 경기에 자신까지 나서서 할 정도로 족구를 좋아하게 되었다. 선수나 히딩크가 족구하는 모습을 살펴보노라면 그들의 성격까지 미루어 짐작할 수 있다.
독실한 기독교 신자로, 골을 넣고서 그라운드에 무릎꿇고 감사의 기도를 올리던 송종국은 족구에서도 묵묵히 신중을 기해 경기하는 탓에 '침묵파'.
거친 몸싸움을 벌이며 특유의 파이팅을 벌인 현영민은 '들소파'.
자칫 실수라도 하면 억울해 땅을 치며 구르는 박항서 코치는 '정열파'.
애매한 심판의 판정에 장난기어린 표정으로 바락바락 대드는 김병지는 '오버맨'.

그리고 우리의 히딩크는 '반칙왕'이다. 틈만 나면 상대 선수의 머리나 목을 치고, 점프하는 선수의 엉덩이를 밀어 중심을 흐트리는 등 시종 반칙으로 일관했기 때문.

히딩크: (자신의 반칙 활약으로 팀이 승리하자 좋아하며) 오우 예스!
김병지: 우씨, 감독님. 명색이 축구 감독인데 반칙을 그렇게 밥먹듯 하는 게 어딨어요?
히딩크: (능청스럽게) 모르는 소리. 이게 다 나의 깊은 뜻이 있는 거야. 실전에서 볼을 낚으려면 상대 수비의 어떤 방해에도 견뎌낼 수 있어야 하지 않겠어? 오늘 나는 단지 그 훈련을 시켰을 뿐이라구.

이게 우리 거냐?

2000년 1월, 히딩크호가 첫 출범한 칼스버그컵 노르웨이전 경기를 마친 후 공식 기자회견장에서 있었던 일이다.

노르웨이에게 2-3으로 역전패해 자신의 데뷔전을 패배로 신고한 히딩크. 기자회견장에 들어서자 그의 눈에는 테이블 위에 전시용으로 놓여 있는 우승컵이 보였다. 그리고 농담 한 마디 했다.

"이게 우리 겁니까?"

듣고 있던 기자들은 폭소를 터뜨리고….
곧바로 히딩크는,

"아무리 생각해도 우리 것은 아닌 것 같다."면서 우승컵을 슬며시 옆으로 치웠다.

감독님, 그건 저예요.

히딩크가 대표팀을 맡은 지 보름 남짓 되었을 무렵, 홍콩에서 칼스버그컵 대회가 열렸다. 대표팀은 홍콩으로 이동해 어느 호텔에 묵게 되었다. 홍콩이라면 그야말로 쇼핑과 환락의 도시아닌가. 아직 대표팀 선수들에 대해 잘 모르던 히딩크는 노파심에 엄명을 내렸다. 대회에 참가하려고 왔으니 쓸데없이 외출하지 말고 호텔에서 정신집중

하라고.

  그렇게 당부했는데 그날 밤 호텔로비에 대표팀 선수로 보이는 한 명이 모자를 푹 뒤집어쓰고 얼굴을 감춘 채 호텔 밖으로 나가는 것이 아닌가. 나가지 말라고 명령은 했지만 선수들이 너무 '순진'하다고 생각하고 있던 히딩크는 내심 자기의 말을 거역하고 개인 행동하는 겁없는 그 녀석이 기특했다. 선수라면 어느 정도 되바라진 면이 있어야 그라운드에서 좋은 플레이를 펼칠 수 있다는 것이 그의 생각이었다.

  다음 날 아침. 그 겁없는 녀석이 누군지 너무도 궁금했던 히딩크는 몰래 대표팀 주무에게 물어보았다.

히딩크: 어제 밤에 보니까 선수 하나가 몰래 호텔 밖으로 나가던데, 그게 대체 누구지?
주 무: 어제 밤이요? 감독님 말씀대로 선수들 전부 호텔에만 있었는데요.
히딩크: 감싸주지 않아도 돼. 파란색 모자 쓰고 나가는 걸 내가 어제 다 봤어.
주 무: 파란 모자요? 감독님. 그건 저였어요. 선수들이 물건 사다달래서 다녀온건데….

  그 말을 들은 히딩크, 적지않게 실망했다고.

전화위복

Worldcup Leadership Humor

히딩크도 지도자가 되기 전에는 선수 생활을 했었다.

그렇지만 크게 주목받는 선수는 아니었다. 네덜란드와 미국의 1부 리그에서 미드필더로 뛴 적이 있지만 국가대표팀 간의 경기인 A매치에는 거의 얼굴을 드러내지 못했었다.

하지만 감독으로서는 세계적으로 손꼽히는 명장인데, 처음 지도자 생활을 시작한 PSV 아인트호벤을 리그 우승으로 이끌었고, 이후 스페인의 명문 발렌시아와 레알 마드리드 등에서도 감독을 맡아 우수한 성적을 거두었다. 특히 월드컵 사상 다른 팀을 이끌면서 연속으로 두 팀 모두 4강에 올려놓은 감독은 히딩크 말고는 아무도 없다.

그런 그에게 누군가 선수보다는 지도자로서 성공한 비결이 무엇이었는지 물었다.

'물론 선수 때도 잘 했다구. 하하하. 다만 70년대 토털축구의 선구자인 요한 크루이프나 얀센처럼 쟁쟁한 스타들에게 가려 눈에 잘 안 띄었을 뿐이지…. 그렇지만 오히려 국가 대표로 빛을 보지 못한 게 결국 지도자로서 일찍 성공하는 계기가 된 것 같아. 스타가 아니었기 때문에 남들보다 빨리 코치로 전업할 수 있었던 게 행운이었다고나 할까.'

어쩔 수 없잖아

아직 쌀쌀한 기운이 돌던 이른 봄날이었다.

마침 비까지 내려 선수나 감독이 느끼는 추위는 한겨울 못지않았다. 거센 비바람을 맞으며 선수들을 독려하던 히딩크. 드디어 훈련은 끝이 나고 유머와 오버액션을 즐겨온 히딩크 감독이 그냥 갈 리가 없었다.

두 팔을 마음껏 벌리고 하늘을 바라보며 내리는 비를 즐기는 듯한 모션을 취하며 특유의 쇼맨십을 발휘해 훈련을 지켜보던 기자들을 즐겁게 해 주었다. 그때까진 좋았다. 하지만 웬걸, 인터뷰를 하기 위해 정작 방송 카메라 앞에 서자 콧물이 코끝에 대롱대롱 매달리는 것이 아닌가.

에이, 이미지 구겼다.

깊은 뜻이 숨어 있는 붕대

무릎 수술을 하기 위해 잠시 유럽에 체류한 히딩크 감독은 수술을 마치고도 한동안 깁스를 한 채 목발을 짚고 다녀야 했다.

그런 와중에도 히딩크는 유럽에서 뛰고 있는 한국 선수들의 경기 장면을 살펴보려고 경기장을 찾았는데 마침 친분이 있는 한 유럽 기자를 만났다.

기　자: 어라, 히딩크? 수술한 무릎은 좀 어때요?
히딩크: 괜찮아. (목발을 가리키며) 이 젓가락만 없으면 뛰어다녀도
　　　 될 텐데 말야.
기　자: 어디 깁스한 것 좀 보게 바지 좀 걷어봐요.
히딩크: (웃으며) 뭘 이런 거까지 보자구 그래.
　　　 (그러면서도 바지를 걷어올린다)

그러자 히딩크 감독의 무릎을 덮고 있던 붕대가 나타났다. 그런데 붕대 색깔이 일반적인 의료용 흰색 붕대가 아니라 빨강색과 파랑색의 알록달록한 붕대였다.

기자: 헉. 이게 뭐야? 붕대도 패션입니까?
히딩크: 자네 한국 국기도 못 봤나? 한국 국기에 보면 태극 모양이 있잖아. 여기 빨강과 파랑은 그 태극을 상징하는 색이거든.

오노! 김치

Worldcup Leadership Humor

히딩크 감독은 먹는 것에 상당히 신경을 쓰는데 조금만 먹어도 쉽게 살이 찌는 체질이기 때문이다.
그래서 평소에 조금 먹고 많이 운동하는 것이 그가 몸매를 관리하는 비결. 그라운드에서 선수들과 함께 뛰는 것도 모자라 시간이 날 때마다 스태프들과 함께 격렬한 스쿼시로 땀을 흘리는 것도 다 그런 이유다.

그런 그가 식사 때마다 항상 찾는 것은 요구르트다. 하루에 먹는 플레인 요구르트가 거의 1리터 가량인데, 물론 저지방 요구르트다. 그리고 커피도 좋아한다. 아메리칸 식의 묽은 커피는 사양하고 카푸치노나 에스프레소를 하루에 10잔 정도 마시는 커피 중독이다.

한국 음식은 섬유질이 많아 건강 유지에 좋다는 그가 극복하지 못한 한국 음식은, 한국인이라면 밥상에 없어서는 안 되는 김치. 김치는 냄새조차 맡기 싫어해 그의 테이블 근처는 항상 김치 접근 금지구역이었다고. 적응력이 좋은 히딩크지만 김치만은 어쩔 수 없었던 모양이다. 하지만 갈비나 장어 등의 한국 음식은 매우 좋아하고 중국 음식은 상당히 잘 먹는 편이다.

처음 한국에 도착해서 식사를 했을 때 히딩크와 같이 식사를 하던 사람들이 모두 놀란 적이 있다. 같이 앉은 다른 외국인은 젓가락대신 포크를 쓰는데 히딩크는 능숙한 젓가락질로 이것저것을 집어먹었다. 하지만 그도 그날의 주 메뉴인 자장면을 먹을 때는 미끄러지는 면발을 주체하지 못하고 결국 포크로 바꿨지만, 하여튼 젓가락으로 대부분의 음식을 먹어치우는 그의 글로벌화된 식성에 모두 감탄했다고.

하이힐이라도 신지요

Worldcup Leadership Humor

2001년 연말, 잠시 고향에서 꿀맛 같은 휴가를 즐기고 있는 히딩크는 대한축구협회로부터 뜻밖의 이메일을 받았다.

그 메일은 '1월 4일 오후 3시에 축구인이 함께하는 신년 북한산 등반이 예정되어 있다. 축구계 인사가 모두 모여서 한국의 월드컵 16강 진출을 기원하는 자리이므로 히딩크 감독도 동참해주면 고맙겠다'는 내용이었다.

원래 단체 모임을 별로 즐기지도 않을뿐더러 얼마 전 무릎 수술까지 받아서 등산이 결코 쉬운 일이 아니었던 히딩크지만, 16강 진출이 모든 한국 국민들의 소망임을 잘 알고 있었기 때문에 그는 곧바로 이메일 답신을 보냈다. 그것도 아주 재치 있게.

히딩크가 보낸 답신의 내용은 이렇다.

'내가 사는 네덜란드에는 이렇다 할 산이 없다. 등산을 하려면 연습을 해야 하는데 이제부터는 하이힐이라도 신고 다니며 다리에 힘을 길러야겠다.'

그날 북한산 정상에 가장 먼저 오른 사람은 히딩크였다.

왕자병

어느 날 히딩크가 평소보다 조금 더 짧은 듯하게 머리를 자르고 왔다. 그리고서 옆에 있던 스태프 중 한 명에게 물어봤다.

히딩크: 내 머리 어때? 짧으니까 더 멋지지?
스태프: (기가 막혀서 호응도 안해준다)….
히딩크: 내가 또 한국에서 제일 잘생긴 감독 아냐, 아마 여자들한테서도 인기 좀 얻을 거야, 그렇게 생각하지 않아?
스태프: 내참. 감독님은 안정환이 아니라구요, 아줌마들한테나 인기 있다면 모를까.

스승의 날

한국에서 5월은 가정의 달이다. 어린이날, 어버이날, 스승의 날이 모두 있는 달이 바로 5월이다.

하지만 2002년 5월 31일은 바로 역사적인 한일 월드컵 개막일.

가정의 달이라지만 대표팀은 스코틀랜드, 잉글랜드, 프랑스라는 세계 강호 팀들과 평가전을 갖는 등 본격적인 월드컵 체제에 들어가는 시점이라 긴장을 늦출 수가 없었다.

스승의 날이 하루 앞으로 다가오자 서귀포에서 부산으로 이동하는 바쁜 와중에도 대표팀 주장 홍명보는 선수들을 불러모아 선물에 대해 상의했다. 선수들이 직접 선물을 살 시간은 없어 일단 히딩크 감독 등 코칭 스태프에게 선물할 수 있는 돈을 전원이 모아 대표팀 김대업 주무에게 전달했다.

스승의 날에 선수들이 정성을 모으는 것은 종전 대표팀에서도 계속 해왔던 일. 하지만 김 주무는 주로 상품권을 전달하던 이전과 달리 여행용 화장품 세트를 선택했다. 히딩크 감독이 전 세계를 돌아다녀야 한다는 점에 착안한 선물이다.

한편 한국의 스승의 날을 모르고 있던 히딩크는 선수들이 마련한 화장품 세트를 받아 들고 처음에 '이게 뭐냐'며 의아해 했다. 하지만 설명을 듣고는 '색다른 경험'이라며 크게 기뻐했다. 유럽과는 다르게 감독을 확실히 스승으로 모시는 한국 선수들에게서 받은 선물에 감동할 수밖에. 그러나 선수들에게서 받은 가장 큰 선물은 역시 '월드컵 4강 진출'이라는 선물이 아니었을까.

그것만큼은 곤란한데
Worldcup Leadership Humor

1998년 프랑스 월드컵에서 한국을 상대로 5대 0이라는 대승을 거둔 히딩크.

그 당시 우리에게 기억되는 그의 모습은 멋진 콧수염을 기르던 얼굴이었다. 하지만 한국 대표팀 감독으로 부임해 한국 땅에 첫발을 내디뎠을 때는 말끔하게 콧수염을 깎은 상태였다. 그가 오랫동안 길러온 수염을 깎은 데는 이유가 있었다.

그가 스페인 레알 마드리드 감독으로 있던 1998년, 도요타컵 결승을 앞두고 그 직전에 어느 스페인 기자와 내기를 했다. 레알 마드리드가 우승하면 콧수염을 몽땅 밀어버리겠다고. 결국 그의 팀은 우승컵을 거머쥐었고 기쁜 마음으로 그 약속을 지켜야 했던 것.

그 사연을 전해들은 한국 기자가 인터뷰중에 물었다.

기　자: 그렇다면, 히딩크 감독님. 한국이 이번 월드컵에서 16강에 오른다면 어떻게 하시겠습니까? 이젠 깎을 수염도 없는데 말이죠.
히딩크: 흠. 아직 생각을 안 해봤는데... 글쎄, 머리를 짧게 자르는 건 어떨까요? 머리가 짧으면 젊고 샤프해 보여서 좋을 텐데. 그렇지만 박코치 같은 빛나리 스타일은 좀 곤란하겠죠?

사실은 나도 힘들어

Worldcup Leadership Humor

한일 월드컵을 앞두고 대표팀이 제주 서귀포에 훈련 캠프를 차렸을 때 일이다.

그곳에서 실시한 체력 강화 훈련, 일명 '지옥훈련'은 선수들뿐만 아니라 히딩크 감독도 지치게 만들었다. 매일 계속되는 강도 높은 훈련으로 선수들이 크고 작은 부상에 시달리고 그런 와중에 감독인 히딩크도 몸살이 났다. 그래도 히딩크는 꿋꿋하게 경기장에 나타나 선수들을 지도했다.

체력 강화 훈련을 시작한 두번째 날.

히딩크는 선수들의 눈을 피해 밤 12시가 다 되어서야 살그머니 마사지실을 찾았다. 감독으로서 약한 모습을 보이지 않으려고 선수들 마사지가 다 끝난 후에야 혼자서 조용히 마사지를 받은 것이다. 부임 직후 수술한 오른쪽 다리는 물론 전신 마사지 치료를 받은 후에야 자신의 방으로 돌아갔는데 그가 마사지를 받는 동안 많이 아파했다는 것이 치료사의 전언이다.

그가 그라운드에서 직접 뛰는 것은 아니지만 선수들을 진두 지휘하는 것 자체가 무척 힘들었던 것이다. 그만큼 체력 강화 훈련의 난이도가 높았다. 2~3일 간격으로 한 단계씩 강화되는 체력 훈련에도 꿋꿋하게 노익장을 과시한 히딩크 감독. 그런 그의 노력이 있었기에 선수들은 더 열심히 뛸 수밖에 없었을 것이다.

마이웨이
Worldcup Leadership Humor

히딩크의 애창곡은 프랭크 시내트라의 '마이웨이(My Way)' 다.
자신의 축구 철학을 억척스럽게 밀고 나가는 고집쟁이 감독한테는 딱맞는 노래다. 올해 초 월드컵 성공기원 신년 등반대회가 끝난 후에도 축구협회 관계자와 취재진 앞에서 얼굴 한 번 붉히지 않고 멋들어지게 '마이 웨이'를 열창했는데 식사 중에 당한 기습적인 요청이었는데도 순순히 응한 히딩크는 한국의 '노래 시키기' 문화가 은근히 재미있었는지 자신의 생일 파티에서도 먼저 나서서 노래솜씨를 뽐낸 적이 있다.

히딩크는 음악을 상당히 좋아한다. 해외 전지훈련 장소로 이동할 때마다 백여 장이 넘는 CD를 꼭 챙기고, 숙소를 정할 때 가장 먼저 고려하는 것 중 하나가 오디오 세트일 정도로 재즈광이다. 좋아하는 가수는 산타나와 로라 피지. 네덜란드 출신의 재즈 여가수 로라 피지가 내한 공연했을 때는 직접 공연장을 찾았다. 훈련과 게임으로 바쁜 그이지만 음악을 통해 승부의 전장에서 상처입은 가슴을 달래기도 하고 스트레스를 해소하는 것.

그렇다면 좋아하는 한국 노래도 있을까? 물론 그가 부를 수 있는 노래는 있다.

월드컵 경기 때마다 응원석에서 대형 태극기가 펼쳐지며 장내에 애국가가 울려 퍼지는 순간. 지켜보던 사람들은 모두 가슴이 뭉클해지는 경험을 했을 것이다. 선수들은 물론이고 벽안의 외국인 히딩크도 감격스럽기는 마찬가지였던 모양이다. 애국가를 완벽하게 부르지는 못하지만 음은 따라 부를 수가 있어서 경기 때마다 울려 퍼지는 애국가를 마음속으로 따라 불렀다고 한다.

이거 누구 거에요?

Worldcup Leadership
Humor

월드컵 본선에서 단 1승도 거두지 못했던 한국 팀이 4강 진출이라는 위업을 달성하는 데 견인차 역할을 한 히딩크. 그의 인기는 하늘을 찌르는 듯하다.

한 중년 부인은 히딩크 품에 달려들어 와락 안기기도 하고 그가 가는 곳이라면 때와 장소를 안 가리고 사인을 받으려는 사람들로 인산인해를 이룬다. 수많은 팬들이 귀찮을 법도 하지만 히딩크는 자신을 열렬히 환호하는 팬들에게 얼굴 한 번 찌푸리지 않고 사인을 해 준다.

특히 어린이들의 사인요청은 100% 오케이다. TV로만 보던 히딩크 할아버지를 보고서 부끄러워 뭉그적거리다 겨우 용기를 내 "사인, 사인"하는 꼬맹이가 있으면 싱긋 웃으며 어서 펜을 달라고 손짓을 한다.

바쁜 스케줄에 쫓겨 팬들의 사인 요청을 들어주지 못할 때는 목표지점인 자신의 승용차까지 재빨리 '36계 줄행랑'을 놓지만 이런 경우에도 끝까지 자신을 따라 붙는 끈기있는 팬들한테는 결국 사인을 해주고 돌아서는 경우가 대부분이다.

월드컵 본선을 준비하던 어느 날에는 이런 일도 있었다. 훈련장에 들어서는 그에게 팬들이 사인용지를 줄줄이 내밀었다. 안전을 위해 훈련장에 배치됐던 경찰은 팬들이 갑작스레 히딩크 감독에게 달려들자 황급히 이들의 앞을 가로막았다. 그 모습을 물끄러미 지켜보던 히딩크 감독은 경찰의 등뒤로 다가가 한마디 던졌다.

"이들은 팬이잖아"

그리고는 경찰의 겨드랑이 사이로 삐죽삐죽 나온 사인용지에 일일이 사인을 다 해주고 누군가 건넨 사인펜을 쳐들고 '이거 누구거에요?' 하고 주인을 찾아주고선 유유히 그라운드로 들어갔다.

그녀가 좋아하나 봐

어디서나 인기많은 히딩크. 비행기를 타기 위해 울산공항에 도착했는데, 자신을 보고 웃으며 악수를 청하는 공항 여직원을 보더니 짐짓 놀란 척한다. 그리고 손가락으로 뒤에 있던 고트비 비디오 분석관을 가리키며 말했다.

'고트비. 아무래도 그녀가 당신을 좋아하는 것 같은데?'

히딩크의 유머 감각은 어디서나 계속된다.

도박사 히딩크

월드컵 기간 중에 대표팀 코치진과 선수들 사이에서는 베팅 바람이 불었다.

히딩크 감독이 월드컵 전 경기의 결과에 대해 내기를 하라고 강요한 것이다. 그가 베팅 바람을 주도한 까닭은 경기를 앞두고 선수들이 지나치게 긴장하고 있어서 월드컵을 즐기라는 의도도 있었지만 가장 큰 까닭은 세계 축구의 흐름을 파악하라는 나름의 이유가 있어서다.

베팅을 하려면 각 출전 팀들의 전력을 꼼꼼히 챙겨야 하기 때문에 분석력이 높아질 뿐 아니라 그들과 경기를 할 때면 적응력도 한층 높일 수 있어서 일석이조의 효과를 가져올 수 있다. 내기에 거는 돈은 1

인당 5천원에서 만원사이.

그렇다면 경기 다음 날 아침 식사자리에서 배당되는 대표팀 베팅에서 가장 재미를 본 사람은?

당연히 히딩크다. 이번 대회 참가 팀들의 전력을 꿰뚫고 있는 그가 '어린 아이 손목 비틀 듯' 코치진들의 돈을 싹쓸이 했다.

예측이 빗나가면 코치들은 곤혹스럽다. 돈도 돈이지만 '젊은 코치들이 나 만큼도 세계축구 흐름을 이해하지 못하면 어쩌냐'며 히딩크가 야단까지 치기 때문이다.

우리 팀이 아닌데?

Worldcup Leadership Humor

한국이 폴란드를 2대 0으로 이기며 월드컵 첫 승을 거두자 여기저기서 감독인 히딩크에게 축하의 메시지를 보내왔다.

특히 히딩크 감독의 고국 네덜란드에서는 마치 자신의 나라가 이긴 것처럼 진심으로 기뻐해주었다. 한국에 와 있던 네덜란드 기자들도 히딩크를 축하했는데, 네덜란드에서는 경기에서 승리를 거둔 감독에게 케이크를 보내 축하해주는 풍습이 있다.

역시 히딩크도 고국의 기자들에게 멋진 케이크 선물을 받고 매우 기뻐했다. 특히 그 케이크는 보통 케이크가 아니라 네모난 그라운드와 골대며 11명의 축구 선수들까지 하나하나 장식해서 마치 축구장을 그대로 옮겨놓은 듯한 재미난 모양이었다. 그런데 케이크를 들여다 본 히딩크. 잠시 생각에 잠기더니.

'정말 고맙긴한데 말이지, 케이크 위에 서 있는 선수들은 우리 팀 포메이션이 아닌데?'

그의 한국어 실력

Worldcup Leadership Humor

영어, 독일어, 스페인어 등 5개 국어를 구사한다는 히딩크 감독. 그렇다면 한국어 실력은 어느 정도일까?

한국의 월드컵 마지막 경기였던 3-4위전을 준비중인 훈련장에서 생긴 일이다. 지난 48년 동안 월드컵에서 1승도 올리지 못했던 한국 팀을 단숨에 4강까지 진출시킨 히딩크의 말과 행동 하나하나에 전 세계 축구팬의 이목이 집중된 것은 당연한 일. 그날도 마지막 훈련을 마치고 각국 외신 기자들과 인터뷰를 하고 있었다. 기자들의 질문은 자꾸만 길어져 끝이 날 줄을 모르고 몸이 열 개라도 부족한 히딩크로서는 조바심이 날 수밖에. 미국 스포츠 전문 방송과 겨우 인터뷰를 마치고 스태프들과 기념 사진을 찍는데 마침 사진 기자의 플래시가 터지지 않았다. 그때 히딩크 감독의 입에서 자연스럽게 한국말(?)이 터졌다.

히딩크: (한껏 사진 포즈를 취했는데 플래시가 안 터지자) 아이~씨.
미국 기자: 아이~씨? 지금 한국말 한거예요?
히딩크: 그건 말이지, 바로 이런 상황에서 쓸 수 있는 한국말이라구. 나 이제 빨리 가야 해.

그리고 한국말로 "빨리 빨리"라고 외치며 기다리고 있던 자동차로 쏜살같이 뛰어갔다.

캡틴, 내 차 타고 가
Worldcup Leadership Humor

월드컵 개막을 코앞에 두고 주장 홍명보가 부상을 당했다. 프랑스와 가진 평가전에서 왼쪽 발목 안쪽을 다친 것이다. 팀에서 중추적인 역할을 담당하고 있는 그의 부상이 히딩크로서는 염려스러울 밖에.

대표팀은 파주 트레이닝 캠프에서 출발해서 버스와 비행기, 다시 버스를 갈아타고 월드컵 기간동안 캠프를 차리는 경주로 이동해야 했는데, 히딩크는 홍명보에게 자신의 전용 승용차를 내줘 파주에서 경주까지 논스톱으로 이동하게 했다.

버스와 비행기를 갈아타느라 공항에서 계단을 오르내리며 이동할 경우 부상 회복에 악영향을 미칠 수 있다는 세심한 배려에서 나온 것이다. 대표팀 기둥 홍명보에 대한 히딩크의 기대가 어느 정도인지 엿볼 수 있는 대목. 하루 속히 부상을 털고 일어나 며칠 남지 않은 한일월드컵 D조 첫 경기 폴란드전에 대비해 달라는 주문이기도 했는데, 이런 감독이 마음을 알아차린 것일까. 홍명보 선수도 팀의 주장으로, 중앙 수비수로 제 역할을 다해 한국 팀의 월드컵 4강 진출을 이끌었다.

모든 선수와 인터뷰를

월드컵을 앞두고 히딩크는 대표팀 언론 담당관에게 한 가지 당부를 했다.

'월드컵까지 23명의 선수 전원이 신문과 방송에 나갈 수 있도록 해주시오.'

팀을 잘 운영하려면 모든 선수들의 사기를 고려해야 하는데 인터뷰가 유명 선수 몇몇에게만 집중되어서는 곤란하기 때문이다. 물론 그의 이런 요청은 처음이 아니었다. 예전에도 몇 차례 같은 부탁을 했지만, 언론이 선호하는 선수가 있기 때문에 잘 지켜지지는 않았다.

인터뷰는 선수들만이 아니라 코칭 스태프들도 해야 했다. 감독을 두고 코치만 따로 공식 인터뷰를 한 경우는 처음인데다가 예전의 대표팀에서도 없던 일이었다.

하지만 히딩크는 코칭 스태프의 등을 떠밀다시피 인터뷰를 하도록 했다. 꺼려하는데도 '해야 한다'며 카메라 앞으로 내 몬 이유는 그만큼 모든 선수나 코칭 스태프가 하나가 되기를 원했기 때문이었다.

경기의 일부일 뿐

월드컵 미국과의 경기에서 이을용 선수가 페널티 킥을 찼지만 안타깝게도 골키퍼의 선방에 막혔다. 대표팀 가운데 가장 킥이 정확한 선수이기 때문에 감독이 키커로 지목한 것이지만 좋은 기회를 날려버린 선수의 마음은 이루 말할 수 없었을 터. 그런 그의 마음을 잘 아는 히딩크는 오히려 그의 사기를 북돋아주었다.

"94년 월드컵 때는 이탈리아의 최고 스타 바조도 페널티 킥을 실수했다, 큰 대회 경험이 많은 선수들도 실축하는 일이 많다. 어쨌든 그것은 경기의 한 부분일 뿐이다."고 그를 두둔해 주었다.

결국 이을용 선수는 월드컵 3-4위전에서 그림 같은 프리킥을 골로 성공시켜 히딩크의 믿음에 보답했다.

내 인형인데….

Worldcup Leadership Humor

국민적 영웅으로 떠오른 히딩크 감독의 인기를 증명하듯, 그의 모습을 본따 인형이 만들어졌다. 대표팀 선수들의 인형도 인기 있지만 가장 인기 있는 것은 역시 히딩크 인형인데 만들어지기가 무섭게 불티나게 팔려 나갔다. 그렇지만 정작 본인은 이런 사실을 모르고 있었는데…. 그러던 어느 날 방송국에서 나온 한 리포터가 질문했다.

기　자: 자신의 인형이 동이 날 정도로 인기가 높은데 기분이 어떠십니까?
히딩크: (장난기어린 표정으로) 그런데 내 인형 본 적 있습니까? 그렇게 잘 팔린다는데 나는 아직 구경도 못해봤거든요. 내 인형이라는데…. 혹시 보게 되면 잘 생겼는지 아닌지 가르쳐 달라구요.

보신탕

외국 언론들은 한국인들의 보신탕 문화에 대해 곱게 보지 않는다. 어느 기자가 역시 유럽인인 히딩크에게 개고기 문제에 대한 그의 생각을 물어봤다.

기　자 : 최근에 보신탕 문제가 불거지고 있는데,
　　　　어떻게 생각하시나요?
히딩크: 나는 어렸을 때 암탉을 무릎 위에 놓고 쓰다듬으면서 애완용으로 기른 적이 있었답니다. 하지만 모든 사람들이 닭고기를 먹지요. 개, 돼지, 닭을 애완용으로 기르기도 하지만 다른 한쪽에선 먹기도 합니다. 이렇게 모든 동물을 먹는데 이견을 단다면 세상에는 아마 채식주의자밖에 남지 않을 걸요?

그의 징크스

월드컵에는 수많은 징크스가 있다. 골대를 맞추는 팀은 꼭 진다든지, 직전 월드컵 우승팀은 고전을 면치 못한다든지…. 대사를 앞둔만큼 징크스도 많을 수밖에 없다.

우리의 히딩크에게도 징크스는 있다. 경기 당일에는 절대 혼자서 자가용을 타지 않고 선수들과 함께 대표팀 버스를 타고, 평소에 귀에서 떼어놓지 않는 CD 플레이어마저 경기에 임박해서는 멀리하고 생각에 집중한다. 이렇게 경기 당일 무조건 대표팀 버스에 선수들과 동승하는 것은 미팅을 갖거나 선수들과 대화를 나누기 위한 것이 아니라 경기 직전 결속력과 소속감을 다지자는 뜻이다.

경기장에 나서는 옷차림에서도 히딩크의 징크스는 그대로 드러난다. 항상 말쑥한 감색 정장에 와이셔츠 색상과 넥타이도 일정하다. 와이셔츠는 무늬 없는 푸른 계열을 고집하고 넥타이도 작은 물방울이 그려진 것을 한다. 특히 이번 월드컵 기간동안 그가 한 넥타이는 그의 '행운의 타이'다.

그 넥타이의 정체는 단순한 넥타이가 아니라 한국인의 염원이 고스란히 담겨있는 일종의 상징물이다. 흰색의 물방울처럼 보이는 무늬의 정체는 태극과 팔괘(八卦)로, 히딩크 넥타이에는 월드컵에서의 필승을 염원하는 네 가지 문양이 담겨 있다. 팔괘는 8강, 태극 문양은 1강을 나타낸다. 또 태극 문양 사이에 찍혀 있는 4개의 흰 점은 4강을, 태극문양을 사이에 두고 마주보고 있는 작은 흰 점은 2강을 염원한 것이다. 태극과 팔괘를 통해 승패와 우주의 흥망성쇠가 함께 하는 자연의 진리 속에서 자연스럽게 조화를 이루며 조직력을 발휘하길 바라는 염원을 담았기 때문에 이 넥타이를 매면 행운이 따라올 것이라는 게 바로 이 넥타이의 의미다. 이 넥타이는 정부 공인 산업디자인 전문회사에서 히딩크 감독을 위해 직접 디자인하여 선물했다. 그런 한국인들의 정성을 알고서 히딩크도 계속 한 넥타이만 고집했다.

대표팀 선수들의 유니폼도 붉은색 대신 흰색을 선호한다. 운이 따르고 세련되어 보인다는 게 이유다. 대표팀은 붉은색 유니폼을 입었을 때보다 흰색 유니폼을 있었을 때 성적이 훨씬 좋아서 독일과 터키전에 패배한 것이 붉은색 유니폼을 입었기 때문이라고 이야기하는 사람들도 있을 정도다.

속옷마저도 인기절정

월드컵 본선경기가 진행되는 동안 대표팀은 경기 장소를 부산, 대구, 광주, 서울 등 경기마다 이동해야 했다. 바쁜 일정동안 선수들이나 히딩크는 쇼핑할 시간조차 없었던 것이 당연하다. 그래서 히딩크 개인이 필요한 물건들은 그의 연인 엘리자베스가 담당했는데 어느 날 히딩크가 그녀에게 속옷을 좀 사다달라고 부탁했다.

히딩크: 허니. 속옷이 또 없어졌는데 그것도 좀 사다줘.
엘리자베스: 아니. 내가 지난 번에 사다 준 그 많은 속옷은 다 어쩌고 또 없단 말이에요? 거스, 대체 속옷을 어디에다 벗어두고 오는 거에요? 당신, 수상해.
히딩크: (손을 내저으며) 아냐, 아냐. 호텔서 세탁을 맡기면 꼭 한 두 개는 빠져 오는 걸 어쩌란 말야.
엘리자베스: 진짜? 믿어도 되는 거죠?
히딩크: 그렇다니까. 아마도 나를 기억하려는 팬들이 간직하려고 가져가는 것 같아. 당신이 이해해야지 어쩌겠어. 내가 인기가 많아서 그런 걸. 하하하.

그 이후로 히딩크는 호텔을 나설 때면 알아서 입던 유니폼이나 물건들을 팬 서비스 차원으로 두고 나왔다.

배우 히딩크

Worldcup Leadership Humor

경기장 밖에서는 '부드러운 남자' 지만 그라운드만 들어서면 다혈질로 변하는 히딩크 감독. 선수들이 자신이 원하는 대로 플레이하지 않으면 사이드라인 밖에서 호통치며 작전을 지시한다. 경기에서 열정을 다하는 그런 그의 모습이 한국인의 마음을 사로잡는 까닭이기도 하다.

잘못된 부분이 있으면 매섭게 지적하는 것은 단지 선수한테만 해당하는 것이 아닌데 심판이 경기 운영을 잘못한다 싶으면 심판에게까지 소리치는 그의 모습을 우리는 종종 볼 수 있었다. 물론 정도가 지나쳐 심판에게 미움을 사는 바람에 벤치에서 퇴장당한 적도 있다.

한국과 스페인전이 열린 광주 경기장. 이기면 4강에 진출하게 되는 매우 중요한 경기다. 그런데 경기가 마음먹은 대로 풀리지 않는 데다 주심의 판정마저도 마음에 들지 않았던 히딩크.

히딩크: (손을 두 눈에 가져다 대며) 그것도 제대로 못 보냐?
주 심: 아까는 웃옷을 벗어 던지더니, 이제 더 이상은 나도 못 참아. 옐로우 카드의 위력을 보여주지.

그리고 그라운드를 가로질러 히딩크가 있는 벤치 쪽으로 달려왔다.

히딩크: 헉, 큰일이다. 이번에도 퇴장당하면 안 되는데. 이를 어쩐다?

재빨리 머리를 굴린 히딩크의 눈에 바닥에 뒹구는 노란 물병이 보였다.

히딩크: 그래. 바로 이거야.

  그 순간 다가온 주심. 옐로우 카드는 좀 심하다 싶고 그리고 여기는 홈그라운드 아닌가. 주의라도 줄 요량으로 입을 떼려는 순간, 눈웃음을 치며 자신을 쳐다보는 히딩크의 얼굴을 본다.

히딩크: 저기, 나 물 마시려고 나왔다니까. 당신도 뛰어다니느라 힘
       들 텐데 한 모금 마시고 하라구.

  웃는 얼굴에 침 못 뱉는다고 했던가. 엄숙한 표정으로 다가온 주심도 히딩크의 그런 행동이 어이가 없었는지 볼까지 두드려주며 웃으며 돌아갔다.

어리나, 참게나

Worldcup Leadership Humor

    월드컵 조별 예선 두 번째 경기는 미국과의 한판이었다.
    시종 우세한 경기를 하고도 미국의 빠른 역습에 선취골을 내준 상황. 속이 타기는 보는 국민들이나 히딩크 감독이나 모두 마찬가지였다. 그러던 중 미국 선수들의 거친 몸싸움과 태클로 우리 선수들이 부상을 당하는 일이 잦아지자 히딩크 한 마디 한다.

히딩크: 미국 쟤네들, 대체 왜 저러는 거야? 이게 무슨 미식축구인 줄 아는 모양이지?

    옆에 있던 미국의 어리나 감독이 그 말을 듣게 되었다.

어리나: 어. 지금 뭐라 그랬어요? 말이면 답니까?
히딩크: 허허. 어리나, 참게나. 그런다고 화내나?

    감독간의 기싸움에서도 절대 밀리지 않는 히딩크 감독. 후반전에 한국이 동점골을 터뜨려 무승부를 만들어냈고, 나중에 한국 팀이 포르투갈을 꺾어준 덕분에 미국은 어부지리로 16강에 진출할 수 있었다.

한국사람 다 된 히딩크

'명예 한국인 1호'가 된 히딩크. 대표팀 감독으로 부임하기 전의 한국은 그에게 잘 알지 못하는 동방의 작은 나라일 뿐이었지만, 한국인들의 뜨거운 사랑 덕분인지 이제는 한국 사람이 다 된듯하다. 붉은 악마의 '대~한민국' 구호에 맞춰 북을 두드리기도 하고 한국식으로 머리숙여 감사의 인사를 할 줄도 안다. 게다가 재미있게도 한국인의 '음주문화'에도 어느 정도 적응한 모양이다.

월드컵이 끝나고 고국 네덜란드로 돌아가기 직전 대표팀 해단식을 마치고 마련한 쫑파티가 있었다. 우리나라 사람들이 술자리에서 빠지지 않는 게 바로 '원샷'과 '폭탄주'. 가끔 대표팀 회식자리에서 '원샷'을 제의한 적은 있지만 평소 히딩크는 독한 술이나 담배는 마다한다. 그가 종종 인터뷰에서 말하는 대로 그의 주량은 좋아하는 와인 1잔이 전부다. 그러나 이날 만큼은 한국 사람답게 폭탄주 2잔을 거푸 들이켰다.

여기서도 붉은 악마

짧았지만 정들었던 한국에서의 생활을 모두 마치고 고국 네덜란드로 귀국하던 길.

히딩크 감독이 구단주의 전용 제트기로 도착한 아인트호벤 공항에 한국 대표팀 유니폼을 입은 '붉은 악마' 한 명이 나타나 혼자서 '대~한민국'을 연호했다.

갑작스러운 '대~한민국' 소리에 반갑고도 놀란 히딩크 감독. 승용차를 타려다 잠시 멈추고 그 '나홀로' 붉은 악마를 향해 친절히 손을 흔들어주고는 자신의 길을 떠났다

파르세펠츠
Worldcup Leadership Humor

　히딩크의 고향, 네덜란드의 작은 농촌 마을 파르세펠츠는 이제 한국인들에게 가장 주목받는 세계적인 도시로 바뀌고 있다.
　여행사마다 '히딩크 고향 방문' 이라는 패키지 상품을 마련할 정도다. 거리의 사람들은 상점마다 태극기를 내걸고 한국관광객을 맞이하고 곳곳에는 히딩크 감독의 발자취를 찾아보려는 관광객들로 북적인다. 이런 변화는 모두 거스 히딩크 감독이 한국을 월드컵 4강에 올려 놓은 직후부터 시작되었다. 히딩크라는 한 사람이 네덜란드 땅에 태극기를 펄럭이게 하는 기적을 만들어 낸 것이다.
　히딩크 감독의 인생 발자취를 찾으려고 한국을 떠난 관광객들이 가장 먼저 네덜란드와 만나는 곳은 암스테르담 스키폴공항. 암스테르담과 파르세펠츠와의 거리는 서울에서 대전간 거리와 비슷하다. 고속도로를 따라 두팅햄을 향해 2시간쯤 달리다 보면 히딩크 감독의 생가가 있는 파르세펠츠와 만나게 된다. 도로 주변의 그림 같은 풍경에 취하다 보면 여행길이 결코 지루하지 않다.
　파르세펠트 마을에 접어들면 상점마다 걸린 낯익은 태극기, 그리고 그 안에 쓰여진 '파르세펠츠는 한국을 사랑합니다' 라는 한글 문구도 있고 식당의 메뉴에는 한글로 된 음식 이름이 적혀있다.

그의 고향에 이미 많은 한국인들이 방문했다는 것을 히딩크도 아는 모양이다. 한국 대표팀 감독에서 네덜란드 PSV 아인트호벤 감독이 된 그가 계약서에 사인을 마치고 기자회견을 가졌다.

그때 한국에서 온 기자들이 물었다.

'고향에는 언제 들러볼 것입니까?'
'한국 사람들이 먼저 많이 다녀갔으니 나는 다음 기회에 가도 좋지 않겠습니까.'

한국말 어려웠어요

Worldcup Leadership Humor

히딩크 감독은 영어, 독일어, 스페인어, 불어 등 5개 국어를 능숙하게 쓰는 국제적 감각의 소유자다. 게다가 터키에서도 1년여 감독생활을 했기 때문에 터키어도 그럭저럭 하는 편.

언어를 배우는 것을 좋아한다고 밝힌 그가, 한국말에는 영 소질이 없는 모양인지 그가 할 줄 아는 한국어는 인사나, 일상에서 자주 쓰는 단어 정도. 사람들은 그가 한국어에 너무 무관심하다고 비판했지만 사실은 그런 게 아니다.

유럽언어는 대개 비슷비슷해서 익히기에 쉬운데 반해 한국어는 그가 배우기에 무척 어려웠기 때문. 히딩크 자신도 한국어를 조금이라도 쓰면 인기가 높아진다는 걸 알지만 그런 형식적인 쇼는 그가 원하는 바가 아니었다.

하지만 한국을 떠나며 그가 자신에게 따뜻한 애정을 보여준 한국인들에게 미안하게 생각하는 점을 꼽았는데 하나는 김치를 좋아할 수 없었다는 것과 한국어를 익히지 못했다는 것이라며 아쉬워했다.

작별 인사
Worldcup Leadership Humor

"1년 6개월간의 한국생활은 매우 기쁘고 만족스러웠으며 영원히 한국을 잊지 못할 것입니다. 짧은 시간이지만 한국에서 평생 겪기 힘든 강렬한 인상을 받았습니다. 그래서 나는 안녕이라는 말 대신에 다시 만날 날을 기약하고 싶습니다. 한국인들이 베푼 따뜻한 마음은 영원토록 잊지 못할 것입니다."

- 2002년 7월 인천공항에서 출국하며 한 마디.

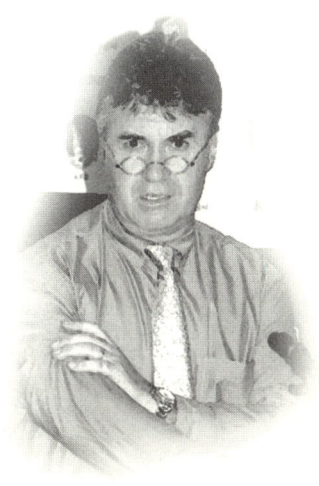

월/드/컵/장/외/리/그 제2장

2002 월드컵 유머

붉은 악마와 응원을…

4강 깃발
Worldcup Leadership Humor

전 국민이 목이 터져라 응원한 스페인전.
한국 팀이 승리를 거둬 4강에 진출한 바로 그날 저녁이었다.
마지막 승부차기 키커였던 홍명보의 골이 터지고 4강 진출이 확정되자 수많은 사람들이 일제히 거리로 쏟아져나왔다. 거리의 모든 사람들이 '대~한민국'을 연호하고 지나가는 차량마다 '빠빵빠빵'으로 화답을 하던 즈음 한 자동차 위에 유난히 붉은 깃발을 흔드는 남자가 있었으니, 그 깃발에는 가슴 뭉클한 네 글자가 이렇게 씌어 있었다.

'냉 면 개 시!'

혼신을 다한 응원
Worldcup Leadership Humor

제게는 이제 막 말을 배우기 시작한 세 살바기 어여쁜 딸이 있습니다. 온 국민이 월드컵에서 대한민국의 승리를 기원하는 터에 딸에게도 응원을 가르치기로 마음먹었습니다.

'자, 아빠 따라해봐! 대~한민국!' (짝짝짝 짝짝)
'대항밍궁!'
'아니, 다시 해봐. 대항밍궁이 아니라 대한민국!'
'대항문국!'
　뭔가 이상했습니다.
　그리고 교육이 얼마나 중요한 것인지 깨달았습니다.

축구가 뭐길래
Worldcup Leadership Humor

　폴란드전에서 한국이 승리하고 전국이 들썩이던 밤, 우리 동네도 예외가 아니었다.
　사람들은 모두들 밤늦게까지 거리를 활보하며 소리를 지르고 노래를 불렀다. 다들 제정신이 아닌 것 같았다. 그때 술에 취한 아저씨가 파란 불도 아닌데 찻길을 건넜다. 마치 골 넣고 관중석을 향해 달려가던 황선홍처럼 맞은편 붉은 신호등을 향해 돌진하는 것이었다.
　'끼이익!'
　지나가던 택시가 급정거를 하고, 놀란 기사 아저씨는 차창 밖으로 머리를 내밀며 호통을 쳤다.
　'야 이 자식아! 너 미쳤어?'
　술 취한 아저씨는 더 큰 소리로 맞받아쳤다.
　'대~한민국!'

택시 기사 아저씨의 다음 행동에 주변에 있던 사람들은 모두 나 자빠졌다.

그 기사 아저씨는 양팔을 쭉 펴더니,

'짝짝짝 짝짝'

어이없는 안내 방송
Worldcup Leadership Humor

한국 팀의 경기를 보기 위해 경기장을 찾았다.

온통 붉은 물결이 넘치는 경기장은 그야말로 장관이었다. 사람들은 벌써부터 응원을 하면서 한 시간 후면 벌어질 축구 경기에 대한 흥분을 감추지 못했다. 그렇게 경기가 시작되기를 기다리고 있었는데 그때 경기장에 울려퍼지는 안내 방송.

'미아를 찾습니다. 다섯 살 된 남자아이로, 빨간 티셔츠를 입고 있습니다.'

그날 빨간 티셔츠 입은 사람이 대체 몇이었는 줄 아는 건지.

모범생

거리 응원을 하러 간 시청 앞 광장에서 있던 일이다.

붉은 옷을 입은 수많은 사람들은 저마다 기발한 응원 도구들을 가지고 나와서 열심히 응원을 하고 있었다.

내 앞에도 고등학생처럼 보이는 한 무리의 일행들이 있었는데 그 중 하나가 가방에서 무언가를 주섬주섬 꺼내고 있었다. 학생이 가방에서 꺼내든 것은 바로 수능 문제집!

주변 사람들은 '뭐야? 여기까지 와서 공부할 거면 집에서 TV나 보지' 하는 표정으로 어이 없다는 듯 그 학생을 바라보고 있었다.

그러나 잠시 후,

그 학생은 문제집을 수백조각으로 잘라 종이 꽃가루를 만들고 있었다.

공짜가 좋아

대한민국의 4강이 결정되던 그 시각, 전국은 붉은 물결로 술렁거렸다.

그날따라 A양은 아무 생각 없이 평소 즐겨 입던 노란색 옷을 입고 버스를 기다리는 중이었다. 한참을 기다려도 버스 승차 줄이 줄어들 생각을 하지 않자 지루해진 A양은 상황을 살피러 줄 앞쪽으로 가보았다. 그리고 그녀는 그만 놀라지 않을 수 없었다.

붉은색 계열의 옷을 입은 손님에게는 4강 오른 기념으로 버스비를 면제해주고 있었던 것. 자신에게 불리한 상황임을 깨달은 A양이 곰곰이 생각에 빠져 있는 동안, 마침내 버스에 탈 차례가 되었다.

모두들 수고했다며 붉은 옷을 입은 사람들에게는 그냥 타라고 외치던 버스 기사 아저씨.

노란색을 입고 나온 A양을 노려봤을 수밖에.

"자네는 그냥 버스 카드 찍어!"

하지만 공짜를 그냥 지나칠 A양인가? 그녀의 한 마디에 기사 아저씨도 두손 번쩍 들고 말았다.

그녀가 한말은.

"아저씨, 저는 이운재 선수 응원하는데요!"

뭔가 이상해

독일과의 결전이 있던 날.

지하철 안에는 거리 응원을 하러 가는 붉은 악마들로 가득 차 있었다.

내 옆에도 붉은 옷을 입고, 붉은 두건을 앙증맞게 머리에 쓰고 있는 예쁜 아가씨가 있었다. 그런데 그녀의 얼굴을 본 순간 나는 내 눈을 의심하고야 말았다. 아무래도 이상해서 자리를 옮기는 척하며 다시 한 번 그녀의 어여쁜 얼굴을 살폈다.

역시 맞았다. 그녀의 얼굴에는 정확히 이렇게 페인팅된 글씨가 써 있었다.

장하다! 태국전사!

응원의 생활화

길거리 응원에 나섰다가 뒤가 급해서 아픈 배를 움켜쥐고 화장실에 갔다. 그런데 화장실 문을 '똑똑' 하고 두드린다는 게 나도 모르게 '똑똑똑 똑똑' 하고 응원 박자에 맞춰 두드렸지 뭔가.

'윽, 나의 실수!' 하고 민망해하고 있는데 화장실 안에 있던 사람도 '똑똑똑 똑똑' 하고 답을 해주는 게 아닌가. 순간적으로 "대~한민국!" 소리를 하려다 꾹 참았는데, 엽기적인 일이 일어났다.

안에서 볼 일을 보느라 힘을 잔뜩 준 그 사람은 이렇게 말하는 것이었다.

"돼~한 민 꾸웅…헉."

월드컵의 열기는 화장실에서도 이어지고 있었다.

최고의 응원
Worldcup Leadership Humor

독일전이 끝나고 안타깝게도 결승 진출이 좌절된 순간, 그동안의 축제 분위기는 잠시 침체되는 듯했다. 그러나 그것도 잠깐. 언제 그랬냐는 듯이 분위기는 다시 살아나 처음 본 사람끼리 하이파이브도 하고 신나게 응원 뒤풀이를 하기 시작했다.

4강에 진출한 게 어디냐고, 우리 선수들 정말 잘한 거라는 말과 함께.

대학로에서 거리 응원을 마치고 사람들과 합류해서 월드컵 축제의 기분을 한껏 만끽하고 있었는데, 앞에 있던 사람들이 누군가를 헹가레 치고 있는 광경이 보였다. 무거워서 좀 힘들어하는 것처럼 보였는데도 사람들은 아랑곳하지 않고 정말 즐거워하고 있었다. 대체 누구를 헹가레 치는 것일까 궁금해서 들여다봤더니 그 사람은 바로,

KFC 할아버지였다.

응원단 인터뷰

어느 방송 기자가 응원단을 인터뷰하던 중에 이런 대화가 오갔다.

기자: 오늘 누가 선제골을 넣을 것 같습니까?
응원단(남자): 안정환 선수가 넣을 것 같습니다!
기자: 안정환 선수가 골을 넣으면 어떻게 하시겠습니까?
응원단(남자) : (뽀뽀하는 시늉을 내며) 뽀뽀해줄 거예요!
기자: 저, 근데 안정환 선수가 좋아할 것 같습니까?
응원단(남자) : (당황한 표정으로) 다, 당연히 싫어하죠….

거리 응원에서

한국과 이탈리아의 경기가 있던 날도 시청 앞은 온통 붉은 물결이었다. 그 거리 응원의 열기를 취재하러 온 TV 리포터가 태극기를 흔들며 열심히 응원하는 어느 회사원과 인터뷰를 하고 있었다.

리포터: 지금 왜 태극기를 흔들고 계시나요?
회사원: (진지한 표정으로) 그럼 태극기를 흔들지, 이탈리아 국기를 흔들겠어요?.

월드컵 유치에 얽힌 비화

Worldcup Leadership Humor

우리나라가 월드컵 유치에 성공한 데는 알려지지 않은 비화가 몇 가지 있다.

그 사연 첫 번째.

한국이 월드컵을 개최하기에 적합한 나라인지 알아보고자 FIFA에서 조사단을 파견했다. 조사단은 민간 암행시찰에 나서 시내의 음식점 등을 둘러보다가 그만 큰 감동을 받고 말았다. 관공서는 물론이고 식당, 극장, 지하철역 등 사람이 모이는 곳이라면 어디든지 월드컵에 대한 한국인들의 열망이 얼마나 강한지를 여실히 보여주는 마크가 붙어 있었던 것이다. 조사단은 확신을 가지고서 한국의 월드컵 유치를 결정했다.

그들을 감동시킨 월드컵 마크!

바로 그것은 화장실마다 붙어 있는 W.C.라는 글씨였다.

두 번째 사연.

월드컵 홍보를 위해 불철주야 애써온 대중가수 K모씨. 월드컵 관계자들 앞에서 자신의 히트곡을 부르며 특별 안무한 '나비춤'을 보여주었다. 그러자 월드컵 관계자들은 한결같이 소리높여 외쳤다.

"오우, 유치해! 유치해!"

한국의 월드컵 유치는 바로 그 자리에서 결정되었다.

붉은 악마

비더레즈 티셔츠를 입으면 → 붉은 악마
그냥 붉은 티셔츠만 입으면 → 부분 악마
뚱뚱한 사람이 입으면 → 굵은 악마
승리의 감격에 눈물을 흘려 눈이 부으면 → 불은 악마
응원하다가 앞 사람 어깨를 치면 → 붉은 안마

수험생과 히딩크

수험생의 한 마디

Worldcup Leadership Humor

요즘 월드컵 열기로 수능 모의고사 점수가 떨어지는 고3들이 많다. 최근에는 히딩크 감독 덕분인지 그 위기를 현명하게 대처하는 고3들이 있다고 하는데….

부모님: 너 이 녀석! 모의고사 성적이 대체 이게 뭐야?
수험생: 괜찮은 성적입니다. 나쁘지 않다고 생각합니다.
         잘한 겁니다.
부모님: 이래서 어디 수능이나 제대로 볼 것 같으냐?
수험생: 모든 것은 11월 수능 시험일에 맞춰져 있습니다.
         그때까지는 과정일 뿐입니다.
         11월이 되면 모두를 깜짝 놀라게 해드리겠습니다.

히딩크 이론

"현재 200점. 하루에 1점씩 올려간다면 150일 후에는 350점이 될 것이다."

"모의고사를 원한다면 모의고사에 맞춰주고, 수능을 원한다면 수능에 맞춰주겠다."

학교에서

학교에서 선생님이 학생들에게 이런 질문을 했다.

선생님: 월드컵 기간 동안 한국 축구를 보면서 너희들이 느낀 점을 말해보도록!
학생 1: 히딩크가 우리 선수들을 멀티 플레이어로 키웠듯이 저도 한 과목에 치중하지 않고 여러 과목을 전부 열심히 공부해야겠다는 생각을 했습니다.
선생님: 오호, 좋은 생각이다. 멀티 플레이어!
학생 2: 우리 선수들의 강한 체력을 보며 저도 밤 새워 공부할 수 있는 강한 체력이 있어야 성적을 올릴 수 있다는 사실을 깨달았습니다.
선생님: (만족해하며 고개를 끄덕인다) 그래, 뭐든 체력이 있어야 가능하지.

(학생 3을 바라보며) 너는 뭐 느낀 거 없니?
그러자 학생 3이 내뱉은 엽기적 한 마디.

학생 3: 한국 축구 선수들이 강한 압박 축구를 통해서 4강 신화를 이뤘듯 저도 시험 시간에 옆자리에 앉은 친구를 압박해서 커닝할 수 있는 능력을 키우겠습니다.

히딩크식 수험생 어록
Worldcup Leadership Humor

히딩크: 한국에 대해 아는 것이라고는 비행기 안에서 한국안내 책자를 읽은 것뿐이다.
(2000년 12월 17일, 김포 공항에 입국하며)
수험생: 수능에 대해 아는 것이라고는 교문 앞에서 나눠준 학습지 안내 책자를 읽은 것뿐이다.
(2000년 12월 17일, 담임선생님과 진학면담에서)

히딩크: 월드컵 본선에서 1승도 못 올린 한국 축구의 습관을 바꿔놓겠다.
(2001년 1월 18일, 한국 선수들과 첫 미팅을 마치고)
수험생: 중학교 내내 한 번도 반에서 순위를 올려본 적이 없는 학습 습관을 바꿔놓겠다.
(2001년 1월 18일, 교내 반 배치고사를 마치고)

히딩크: 최악의 편성은 피했지만 약한 팀은 없다. 나는 어느 팀도 겁내지 않는다. 그러나 어느 팀도 쉽게 생각하지 않는다.
(2001년 12월 1일, 본선 조추첨 결과를 놓고)

수험생: 최악의 등수는 피했지만 잘 본 과목은 없다. 나는 어떤 과목도 겁내지 않는다. 그러나 어느 과목도 쉽게 생각하지 않는다.
(2001년 12월 1일, 2학년 기말 성적표를 받으며)

히딩크: 축구 강국들과 격차를 줄이려면 세계 강호들과의 대결을 피해서는 안 된다. 지는 한이 있더라도 가시밭길을 걷겠다. (2001년 12월 1일, 트루시에 일본 대표팀 감독과의 대담에서)

수험생: 수학 과목의 등수를 올리려면 수Ⅰ, 수Ⅱ와의 대결을 피해서는 안 된다. 인생을 망치는 한이 있더라도 이과의 길을 걷겠다.
(2001년 12월 1일, 수학 담당 선생님과의 대담에서)

히딩크: 다양한 포지션을 소화할 수 있는 선수가 필요하다.
(2001년 12월 9일, 미국과의 평가전을 끝낸 뒤)

수험생: 다양한 포지션을 소화할 수 있는 자세가 필요하다.
(2001년 12월 9일, 2학기 기말고사에서 커닝하다 선생님께 잡힌 뒤)

히딩크: 지금은 월드컵에만 전념하고 싶다.
(2002년 5월 1일, 정몽준 대한축구협회장이 월드컵 이후에도 유임시킬 의사를 내비치자)

수험생: 지금은 내신에만 전념하고 싶다.
(2002년 5월 1일, 담임 선생님이 1학기 수시 합격자들을 조회 시간에 발표하자)

히딩크: 무더운 날씨는 문제가 되지 않는다. 우리 팀은 체력적으로 전혀 문제없다.
(2002년 6월 5일, 미국과의 2차전을 앞두고)

수험생: 무더운 날씨는 문제가 되지 않는다. 내 생활 계획표는 체력적으로 전혀 문제없다. (2002년 7월 5일, 여름 방학을 2주 앞두고 공부 계획을 세우며)

히딩크: 나는 영웅주의를 좋아하지 않는다. 나는 경험과 지식을 선수들에게 전달하는 역할을 할 뿐이다.
(2002년 6월 8일, 폴란드전 승리 후 자신에 대한 찬사가 잇따르자)

수험생: 나는 인간승리를 좋아하지 않는다. 나는 해야 할 공부를 한 것뿐이고, 예습과 복습을 철저히 반복했을 뿐이다.
(2002년 7월 8일, 기말고사 대박 후 자신에 대한 찬사가 잇따르자)

히딩크: 비겨도 16강에 진출하지만 우리는 그런 경기를 원하지 않

았다.
(2002년 6월 14일, 포르투갈에 1-0으로 승리를 거둔 뒤)
수험생: 더 이상 공부를 안 해도 300점은 맞을 수 있겠지만, 나는 그런 성적을 원하지 않는 다.
(2002년 9월 2일, 8월 모의고사에서 300점을 가까스로 넘긴 뒤)

히딩크: 나는 여전히 배가 고프다.
(2002년 6월 15일, 16강전 승리에 대한 강한 의지를 드러내며)
수험생: 나는 여전히 배가 고프다.
(2002년 10월 15일, 300점대 돌파로는 만족할 수 없다며)

히딩크: 와인 한 잔을 마시며 자축했을 뿐이다.
(2002년 6월 15일, 16강 진출을 확정지은 뒤 축하 파티를 가졌느냐는 질문에)
수험생: 콜라 한 병을 마시며 자축했을 뿐이다.
(2002년 10월 15일, 300점대를 돌파한 성적표를 받은 뒤 축하 파티를 가졌느냐는 질문에)

히딩크: 역사를 만들어보자.
(2002년 6월 17일, 이탈리아와의 16강전을 앞두고)
수험생: 역사를 만들어보자.
(2002년 11월 6일, 2003년 수능고사장 문을 들어서며)

히딩크가 충고하는 수능 공부법

Worldcup Leadership Humor

현재 고3들에게 가장 중요한 것은 체력이다.

지금의 수험생들을 100점 만점으로 평가했을 때 머리와 요령은 80점이지만, 시험 시간 동안 버틸 수 있는 체력은 50점도 안 된다. 370분 동안 두뇌를 최적으로 유지하기 위해서는 강력한 체력 훈련과 파워 프로그램이 필요하다.

또한 앞으로의 선진 수능에 대비해 멀티 플레이어 문제들을 도입해서 수학이라면 수학에만 한정해 공부하지 말고 여러 종류의 지식들을 종합하는 '토털 수능'을 준비한다.

그리고 압박 문제 풀이를 도입. 한 과목의 지식으로만 마크하려고 하지 말고 국사 문제를 풀 때에도 윤리적인 지식, 지리적인 지식 등 여러 지식으로 '압박' 하여 해답을 얻어내야 한다.

못말리는 월드컵 열기

월드컵 증후군
Worldcup Leadership Humor

1. 신호등이 레드 카드, 옐로우 카드로 보이기 시작한다.
2. 다른 차를 앞지르기가 어쩐지 꺼림칙하다. 앞지르기를 했다가는 어디선가 교통 경찰이 나와서 옵사이드라고 경고를 줄 것 같다.
3. 다른 차가 앞지르기를 하면 옵사이드라고 빵빵거린다.
4. 업무 시작 전에는 태극기를 바라보며 애국가를 부르고 싶어진다.
5. 직장에서 45분 일하고 15분간 휴식을 취한다. 하프 타임 때 상사와 업무에 대해 작전을 짠다.
6. 세네갈이 프랑스를 이긴 것을 보고 나도 상사에게 대들고 싶어진다.
7. 정해진 점심 시간에 인저리 타임을 적용, 커피까지 마시고 들어온다.
8. 동료가 아프다고 하면 헐리우드 액션이 아닌가 의심해본다.
9. 왠지 앞서가는 사람을 태클하고 싶어진다.
10. 업무가 끝나면 입고 있던 유니폼을 벗어서 동료 여사원과 바꿔 입자고 한다.

2002 월드컵 공인구

Worldcup Leadership Humor

아빠, 엄마, 동생과 함께 월드컵 중계를 보고 있었다. 평소 축구에 관심이 없었던 엄마는 우리들의 대화에는 끼지 못하고 그저 과자만 드시고 있을 뿐이었다. 그러다 문득 아빠가 우리에게 물어보셨다.

"월드컵 공인구 이름이 뭐더라? 피구너바?"

피버노바를 착각한 아빠의 말에 나와 동생이 정신없이 웃고 있을 때 그동안 조용하던 엄마가 갑자기 흥분하며 자신있게 말했다.

"따조! 따조!"

우리들은 무슨 말인지 몰라서 어안이 벙벙해졌지만, 곧 엄마 손에 들린 과자 봉지를 보고서야 그게 무슨 소리인지 이해했다.

엄마가 들고 있는 과자는 치토스였고, 봉지 하단에는 큼직한 글씨로 이렇게 씌어 있었다.

'2002년 축구공 따조.'

월드컵 관전기 1

가족끼리 단란하게 자리를 잡고 축구를 보기 시작한 지 어언 십여 분.

우리의 황선홍 선수가 멋진 선취골을 넣자 우리 집 개까지도 환호성을 지르고 온 집안이 들썩였다.

축구를 잘 모르는 할머니까지도 우리나라가 골을 넣었다고 하자 박수를 치며 좋아하시는데, TV에서 히딩크 감독이 그 유명한 어퍼컷 세리모니를 하며 기뻐하는 모습을 보시고서 하시는 말씀.

'우리나라가 골 넣었는데 왜 외국 사람이 좋아하고 그런다냐?'

순간, 식구들 사이에 흐르는 적막.
우리는 서로 얼굴만 한 번씩 쳐다보다가 한숨 한 번 쉬고 대답해 드렸다.

'할머니, 저 사람이 우리나라 감독이잖아요.'

그 말을 들은 우리 할머니.

'이잉, 그려? 그런데 꼭 외국인처럼 생겼구만…'

월드컵 관전기 2

월드컵 이전에 우리 어머니가 아는 축구 선수 이름이라고는 차범근뿐이었으며, 심지어 먼 곳에서 차는 공이 들어갈 경우 "저건 2점 아니냐?"라는 소리까지 하셨던 분이다.

그런데 월드컵 이후, 나는 우리 어머니의 놀라운 변신을 목격했다. 어머니는 대표팀 주전 멤버 이름은 물론이고 선수들의 부상 상태까지 훤히 꿰차고 계신 것이었다.

이를테면,

"남일이 발목 부상이 심각하다며?"
"김태영 코뼈는 잘 아물고 있는지 모르겠다."

이런 식이다.

그리고 결정적으로 어제 스페인전을 TV로 보고 있을 때, 나는 다시 한 번 놀라고야 말았다. 아직까지 축구에 대해서 제대로 잘 알지 못하는 나는 "야 뛰어! 달려라! 슛!" 이 세 단어만 계속 외쳐댔지만 우리 어머니는 나로선 상상도 못할 단어를 내뱉으시는데…

"수비진 뭐하니! 압박을 해! 압박!"

아주리 군단

한국과 아주리 군단 이탈리아의 대결이 있던 날.

아주리 군단은 그 이름에 걸맞는 푸른색 상의와 흰색 하의를 입고 당당하게 걸어나오고 있었다. 그리고 우리의 자랑스러운 태극전사들이 그 옆에서 나란히 걸어나오고 있었다.

그때 우리 아버지,

"야. 아주리 군단, 아주리 군단 하는데 아주리가 무슨 말이냐?"

아주리가 지중해의 푸른색을 말하는 것임을 이미 알고 있던 나는 회심의 미소를 지으며 이렇게 대답했다.

"이탈리아 선수들이 입고 있는 상의의 특징을 잡아서 아주리라고 부르는 거예요"

그러자 아버지,

"아하, 이탈리아에서는 쫄티를 아주리라고 부르는구나."

우리는 형제

브라질과 중국이 월드컵 조별 예선을 치르던 날, 아내는 축구에 박학다식한 나에게 물었다.

아내 : 브라질 선수 중에 호나우두와 히바우두가 형제야?
나 : 아니지. 호씨하고 히씨하고 어떻게 형제겠어!
아내 : 응, 그렇구나.
나 : 호나우두와 호나우딩요가 형제지.
아내 : 어, 정말 성이 똑같네.
나 : 호나우딩요가 동생이야, 호나우두는 형이니까 대머리잖아.
아내 : 으응, 그렇구나.

그는 베컴 팬

베컴을 좋아하는 한 팬이 그 머리가 너무 하고 싶어서 미용실에 갔다. 그리고 미용실 아줌마한테 말했다.

'아줌마! 아줌마! 영국 팀에 제일 잘하는 애 있잖아요. 베컴 개 머리 해주세요.'

아줌마 왈,

'베컴? 아, 부상당한 애 맞지? 축구 제일 잘하고. 알았어, 해줄게.'

아줌마는 가위를 들고 머리를 깎기 시작했다.

이발이 끝나고 베컴 머리를 소망하던 그는 그만 기절해버리고 말았다.

거울 속에 비친 모습은 베컴이 아니라 지단이었던 것이다.

여자들의 이야기

〈월드컵 이전 여자들이 싫어하는 이야기 베스트 3〉
3위: 축구 이야기
2위: 군대 이야기
1위: 군대에서 축구한 이야기

〈월드컵 이후 여자들이 좋아하는 이야기 베스트 3〉
3위: 월드컵 이야기
2위: 꽃미남 이야기
1위: 월드컵 꽃미남 이야기

전염병

1. 잠을 자다가도 "대~한민국!" 이라는 소리가 들릴 때마다 벌떡 벌떡 일어나 박수 다섯 번을 친다.
2. 길을 가다가 빨간색 천이 보이면 그것을 잡고 이렇게 외친다. "오~필승 코리아, 오~필승 코리아!"
3. 화장실에 들어가면 꼭 두루마리 화장지를 위로 던지고 나온다.
4. 관공서에 걸려 있는 태극기를 보면 어떻게든 몸에 두르려고 한다.
5. '축구' 소리만 들으면 나도 모르게 시청 앞 광장으로 발걸음을 옮긴다.

　이 병은 전염이 빠르게 진행되는 심각한 병으로 아직까지 치료법은 개발되지 않은 상태입니다. 감염 경로는 붉은색 티셔츠로 알려지고 있지만, 확실한 경로는 아직 밝혀지지 않은 상태입니다. 그리고 이 병의 발원지는 한국이라고 전해지고 있습니다.

너무 불쌍해

아버지와 딸이 한국과 포르투갈전을 보고 있었다.

한국이 1:0 으로 이기고, 16강 진출이 좌절된 포르투갈의 피구 선수가 땅에 주저앉아 하염없이 눈물을 흘리고 있었다. 그 모습을 지켜보던 딸은 이렇게 말했다.

"아빠, 포르투갈 선수들 너무 불쌍하다. 그치? 저것 봐. 축구장에서 일어나지도 못하구. 히딩크 감독에게 안겨서 우네. 아빠 저 선수들 너무 불쌍해."

가만히 딸의 이야기를 듣고 있던 아버지가 말씀하셨다.

"우리나라는 48년 동안 저렇게 해왔단다."

지단이 없다고 지다니….

한일 월드컵 개막전이었던 세네갈과 프랑스의 경기.

이번 대회 이변의 시작이 되었던 경기였다. 세계 최고의 플레이 메이커 프랑스의 지단 선수가 우리나라와 가진 평가전에서 허벅지를 다쳐 출장하지 못했던 것은 다 아는 사실. 그런 프랑스가 세네갈에게 1대 0으로 지자 마루를 걸레질하시던 우리 엄마의 한 마디.

"지다니 없다고 지다니…."

스페인과 아일랜드의 8강전. 후반 종료 직전에 아일랜드가 동점골을 넣는 바람에 연장전을 거쳐 승부차기까지 가는 접전을 벌였다. 스페인의 마지막 키커로 맨디에타가 나왔다. 그때 우리 엄마 또 한 말씀.

엄마: 맨디에타가 맨뒤에차네.

브라질과 독일의 결승.
세계 최고의 심판이라는 이탈리아의 콜리나 주심이 나왔다. 시원하게 밀어버린 머리와 유난히 큰 눈을 가진 외모 탓에 외계인이라는 별명을 가진 그는, 명성에 걸맞게 공정한 판정으로 경기를 잘 이끌어나가고 있었다. 수박을 먹고 있던 우리 오빠 왈,

"생각해보니까 저 심판은 공정할 수밖에 없는 것 같아."
"왜?"
"어차피 지구인들끼리 하는 경기잖아."

월드컵이 사회에 미치는 현상

- 기말고사 보러가는 아들에게 아버지가
"꼭 16등 안에는 들어야 혀."

- 술 한잔 먹고 노래방 가서는
"아저씨, 왜 '오~필승 코리아' 노래 없어요?"

- 다정하게 일(?)을 치르고 난 뒤, 그녀가
"자기야, 한 골 더! 응?"

- 막히는 도로에서 끼어드는 차량에게
"왜 옵사이드하구 난리야!"

- "제일 좋아하는 탤런트가 누구죠?"
"안정환이요!"
"안정환은 축구 선수죠."
"아! 그렇군요."

세상에서 가장 심한 욕   Worldcup Leadership Humor

3위: 에잇, 이 오노 같은 놈아!
2위: 토티보다 못한 놈!
1위: (오노에게)에라, 이 토티 같은 놈아!

월드컵 입장권 손쉽게 사는 법   Worldcup Leadership Humor

1. 달걀을 산다.
2. 줄을 길게 서 있는 곳으로 간다.
3. 매표구 근처로 간다.
4. 손수건을 꺼낸다.
5. 달걀을 손수건 안에 숨기고 살짝 쥔다.
6. 코를 훌쩍거린다.
7. 손수건을 코에 댄다.
8. 팽, 하고 코 푸는 소리를 크게 낸다.
9. 동시에 달걀을 꽉 쥔다.
10. 달걀이 질질 흘러 손과 바닥에 흐르게 둔다.
11. 줄은 반 이상 줄어들었을 것이다.
12. 표를 산다.

차두리 지롱

동생과 월드컵 결승전을 보고 있었다.

브라질 공격수들의 화려한 플레이에 감명을 받은 듯 동생은 이 선수는 누구야? 그럼 저 선수 이름은? 하며 연신 선수 이름을 나한테 물어보고 있었다.

"그럼 축구 제일 잘하는 선수가 호나우두, 히바우두, 호나우딩요란 말이지? 그런데 이름 가지고 장난하는 것도 아니고 왜 이름들이 저런 거야? 우리나라 식으로 하면 차돌이, 차두리, 차두리지롱 뭐 이런 식이네."

신종 자살법

죽고 싶은 날이면 우리나라 축구 경기할 때 광화문 가서 "오~필승 유에스에이"를 외친다.

축구란?

동네 축구
자신과 만만한 놈이 많다.
다양한 연령이 있다.
공을 뺏으려 달려든다.
자기들 편끼리 싸운다.
욕이 난무한다.
심판이 따로 없다.
힘으로 밀어붙인다.

학교 축구
만만한 놈이 없다.
동네 축구와 다르지 않게 약한 놈은 수비만 하고 강한 놈은 공격이다.
잔소리가 많다.
선생님이 심판한다.

고급 축구
공 뺏기가 하늘의 별따기다.
심판의 판정에 따른다.
드리블이 환상적이다.

동네 축구와 조폭의 공통점

1. 대체로 행님과 아우로 구성되며 포지션이 따로 없이 몰려다닌다.
2. 규칙이 없다. 가끔씩 미리 정하기도 하지만 받아들이는 선수들도 속으로는 '그런 게 어딨어!' 라고 생각한다.
3. 붙으면 꼭 싸움이 난다.
4. 무지하게 시끄럽다.
5. 유니폼을 안 입는 경우가 태반이다. 입고 할 때도 있지만, 대체로 시합중에는 다 벗는다.
6. 심판이 없다. 드물게 있을 때도 있지만, 시합이 끝나기도 전에 눈탱이가 밤탱이가 된다. 심한 경우 쌍코피 터진다.
7. 그라운드의 경계선이 없다. 공을 몰고가는 데까지가 운동장이고, 쫓겨가는 데까지가 싸움판이다.
8. 진 선수들끼리 술을 마시는 자리에서는 반드시 저희들끼리 싸움이 난다.
9. 게임은 한 번으로 끝나지 않는다. 반드시 복수전이 있다. 그리고 그 복수전은 늘 첫 게임보다 훨씬 살벌하다.

고스톱

Worldcup Leadership Humor

　삼돌이가 맹구랑 영구하고 고스톱을 쳤다.
　마침 한국과 스페인의 운명의 격돌이 있는 날.
　축구도 중요하지만 고스톱을 워낙 좋아했던지라, 셋은 고스톱을 치면서 축구를 보기로 했다. 맹구가 초반에는 한참 끝발이 오르더니 중반전을 넘어서면서부터 돈을 잃기 시작했고 급기야 거의 바닥날 지경에 이르렀다. 드디어 맹구가 점수가 나기 일보 직전, 갑자기 삼돌이가 "4광이다"라고 소리쳤다. 그러자 화가 난 맹구.

　"얌마, 광이 여섯 장이냐? 내가 일광하고 비광을 벌써 먹었는데, 어떻게 네가 4광을 해?"
　그러자 삼돌이,
　"4강 맞아!"
　"맞긴 뭐가 맞아, 임마?"

　맹구는 돈을 잃고 화투에 정신이 팔려서 우리나라가 스페인을 이기고 4강에 진출한 것을 못 본 탓에 삼돌이가 '4강'이라고 소리친 것을 '4광'으로 들었던 것이다

신약 개발 광고

마음이 불안하십니까?

한국 축구가 과연 잘할 수 있을까 하는 생각으로 손발이 떨리고 가슴 졸일 때 국민 해소 드링크로 유명한 히딩크 제약의 안정환을 권합니다.

초조, 불안감을 해소하는 안정환!

불안할 때 먹는 약 안정환!

식후 30분 하루 한 알! 이천수와 함께 드십시오.

스팸 메일

텔레비전을 보면 한국 팀의 첫승에 대해 많은 광고를 하고 있다.

하지만 나는 오늘 TV에서 나오는 광고보다 훨씬 자극적이고 효과적인 광고를 목격했다.

그것은 바로 스팸 메일이었다. 스팸 메일을 하도 많이 받아봐서 요즘은 제목만 봐도 스팸 메일인지 아닌지 구분할 수 있다. 하지만 유독 성인 사이트를 광고하는 스팸 메일들은 상당한 잔머리를 굴리며 제목을 선택하는 까닭에 제목에 속아 메일을 열어보게 된다.

오늘도 어김없이 스팸 메일이 십여 통 날아왔고, 그 중에서도 가장 눈에 띄는 제목은 이런 것이었다.

'월드컵 도전 48년 만의 첫승, 그 환희와 감동에 잠들 수 없는 밤이었습니다'라는 제목의 메일이었다. 그것을 보고 지난 밤의 감동이 다시 되살아난 나는 주저없이 메일을 열어보았다. 메일에는 이런 내용이 적혀 있었다.

'월드컵 첫승에 버금가는 황홀한 첫경험. 저희 섹스야동 파라다이스에서는 월드컵 이후에도 쭈욱~ 여러분을 잠 못 들게 하는 환락과 쾌락의 밤을 선사하겠습니다.'

월드컵 전과 후   Worldcup Leadership Humor

상황 1
- TV 뉴스에서 "여기는 5만 명의 군중이 운집한 밀라노 광장입니다"라는 보도를 듣고
〈월드컵 전〉 이야. 대단한 걸. 역시 유럽 축구 문화는 부러워.
〈월드컵 후〉 에개? 겨우 5만?

상황 2
- 한국이 스페인을 꺾고 4강에 진출하는 순간!
〈월드컵 전〉 (집에서 TV 보던 사람들이) 우와. 지금 경기장에 있는 사람들은 기분 죽이겠다!
〈월드컵 후〉 (경기장에 있던 사람들이) 우와. 지금 시청 앞 분위기 끝내주겠다!

상황 3
- TV 뉴스에서 "준결승전에서 만날 독일은 FIFA 랭킹 11위의 강팀입니다"라는 보도를 듣고
〈월드컵 전〉 어떻게든 비겨보자. 지더라도 후회없이 싸우자!
〈월드컵 후〉 에개? 겨우 11위?

상황 4
- 친구와 전화 통화를 하며 "브라질이랑 독일이랑 하는 월드컵 결승전 어디서 볼래?"
〈월드컵 전〉 결승전이니 모여서 봐야지!
〈월드컵 후〉 아무데서나 보지 뭐. 우리나라 경기도 아닌데.

상황 5
- 지나가던 트럭이 길가에 서 있는 아가씨들에게 타라고 손짓한다.
〈월드컵 전〉 별 미친놈 다 봤네. 인신매매 아냐?
〈월드컵 후〉 1톤 트럭으로 태극기를 두른 아가씨 수백명이 몰려간다. 월드컵의 위력은 '야타' 문화도 바꾸었다.

월드컵 중계석

축구 중계 말 바꾸기

Worldcup Leadership Humor

상대국이 이길 때: 시간 끌기를 하죠? 저런 선수는 당장 퇴장시켜야 합니다!

한국이 이길 때: 좋아요! 체력을 아낄 시간을 벌어주고 있어요. 아주 노련미가 돋보이는 선수예요.

원정 게임에서 상대국이 지고 있을 때: 시차 때문에 초반에 실력이 안 나온다 해도 후반에는 나올 텐데 말이죠. 쯧쯧, 저 선수들 시차 극복은 선수의 기본이란 걸 알려주고 싶군요.

원정 게임에서 한국이 지고 있을 때: 안타까워요. 아주 안타까워요. 역시 시차 때문에 선수들 컨디션이 나빠진 거 같군요.

상대국이 핸들링을 범했을 때: 손을 썼어요! 축구는 발로 하는 경기라는 걸 모르는 것 같지않습니까?

한국이 범했을 때: 손에 맞았어요. 아주 좋은 찬스였는데 공이 손에 맞았어요, 공이~

상대국이 반칙을 했을 때: 저런 야만적인 행위를! 페어 플레이 정신에 어긋난 행위는 안 되죠.

한국이 범했을 때: 오! 아주 중요한 순간에 잘 잘랐어요. 상대방 분위기를 잘 꺾었어요.

상대국에 대해 심판이 오심을 했을 때: 심판도 사람이죠? 실수할 때가 있습니다.
한국에 대해 오심을 했을 때: 심판이 눈이 멀었어요! 심판에게 경고를 줄 수 있다면 퇴장감이죠.

상대국이 찬 볼이 크로스바 맞고 나올 때: 하하! 행운의 여신이 우리 쪽으로 기우네요.
한국 선수가 찬 볼이 맞고 나올 때: 운동장 사정이 안 좋아요. 미끄러워 발을 조금 헛디뎠던거죠. 그러나 위협적이었어요. 골키퍼 간담이 서늘할 겁니다. 하하하…

약팀과 강팀의 차이

Worldcup Leadership
Humor

약자가 드리블하면: 볼을 저렇게 길게 갖고 있으면 안 되죠.
강자가 드리블하면: 굉장한 개인기군요.
약자가 중거리슈팅하면: 무모한 짓이에요.
강자가 중거리슈팅하면: 대포알 같습니다.
약자가 미드필드 조여들면: 축구를 답답하게 하는군요.
강자가 미드필드 조여들면: 축구는 저렇게 중앙부터 조여야죠.

축구 스타와 축구 선수의 차이

Worldcup Leadership Humor

축구 스타가 골을 넣었을 때
캐스터: 넣었습니다! OOO 선수! 역시, 이름값을 톡톡히 하네요.

축구 선수가 골을 넣었을 때
캐스터: 네 한골 터뜨리는 OOO 선수, 오늘 컨디션이 괜찮은가보죠?

축구 스타가 골을 넣고 자신만의 독특한 세리모니를 하자
캐스터: 저 선수 저 세레모니는 전매특허예요, 전매특허!

축구 선수 골을 넣고 자신만의 독특한 세리모니를 하자
캐스터: 네 기뻐하는 15번 선수.

축구 스타가 발에 약간의 부상을 입고 쓰러지자
캐스터: 아, OO 나라 큰일났어요, 전력에 차질이 생기겠는 걸요!

축구 선수가 큰 부상을 입고 쓰러지자
캐스터: 네, OO 나라 좋은 자리에서 프리킥 찬스네요.

축구 스타가 고의가 잦은 반칙으로 레드 카드를 받자
캐스터: 아니, 퇴장을 당하다니... 심판, 자세히 보고 있는 건지 의문이 가요.

축구 선수가 고의가 아니나 반칙으로 레드 카드 받자
캐스터: 레드 카드 받아도 싸요, 저 선수.

월드컵 속담

월드컵 속담(난이도 下)

Worldcup Leadership Humor

하룻 강아지 범 무서운 줄 모른다 → 하룻 일본팀 터키 무서운 줄 모른다.

소 잃고 외양간 고친다 → 탈락하고 축구 연습한다.

산에 가야 범을 잡지 → 경기장에 가야 해설을 하지.

설마가 사람 잡는다 → 설마가 프랑스 잡는다.

낫 놓고 기역자도 모른다. → 공 놓고 이응자도 모른다.

둘이 먹다 하나 죽어도 모른다 → 둘이 보다 하나 심장마비라도 기뻐한다.

떡 줄 사람은 생각지도 않는데 김칫국부터 마신다 → 공 패스할 사람은 생각지도 않는데 슈팅부터 한다.

이빨 빠진 호랑이 → 지단 없는 프랑스.

월드컵 속담 (난이도 中)

Worldcup Leadership Humor

전에 봤던 스위스 심판 오늘도 또 나왔네.
어쩐지 일이 잘 안 풀릴 것 같은 예감을 애써 숨기면서 하는 말. 또는 행동이 도무지 예측불허, 이해불가인 사람을 일컫기도 한다. 같은 뜻을 지니는 말로 모 대통령 후보 경기장에 또 오셨네가 있다.

핀투가 레드 카드 먹고 심판 구타하듯 한다.
종래의 '적반하장'이라는 사자성어와 동의어이다. 비슷한 뜻으로 '이탈리아 팀이 사람 쳐놓고 편파 판정'이라고 한다.

히바우두 얼굴 감싸쥐고 쓰러지듯.
평소의 명성에 걸맞지 않는 얍삽한 행동을 두고 하는 말. 비슷한 뜻으로 '오언 페널티킥 얻어내네'가 있다.

골든골 넣은 안정환 격이다
멋지게 실수 또는 부진을 만회하여 평소의 기대에 부응하고 모두에게 기쁨을 주는 사람을 말한다. 비슷한 말로 '동점골 넣은 설기현 격'이 있다.

이탈리아 팀 숙소에 뱀 나타난 격이다.
좋은 일이 있기 전의 상서로운 징조를 말함.

홍명보가 토티 야단치듯.
강렬한 카리스마로 약삭빠른 소인배를 꾸짖을 때 쓰는 말.

히딩크의 어퍼컷 세리모니 없는 골.
어떤 것이 없어지면 일 전체가 재미없거나 무의미해지는 경우를 뜻함. '고무줄 없는 팬티'와 동의어.

포르투갈전 끝난 후의 피구 같다.
어느 순간에는 분명히 적이었지만 평소의 명성과 연민으로 인해 도저히 미워할 수 없는 사람을 일컫는 말.

승부차기 앞둔 스페인 같다.
앞으로 다가올 비극에 대해 전혀 모르고 안심하는 상태를 경계해 이르는 말.

월드컵 속담 (난이도 上)

Worldcup Leadership Humor

펠레가 우승 후보로 브라질 언급하랴.
절대 일어날 수 없는 일 또는 자신의 능력을 이용해 나름대로 애국하는 일을 말함.

스페인 카마초 감독의 땀샘.
언제 어느 경우에도 늘 넘쳐나는 것, 왕성히 활동하는 것을 말한다. 전통적인 단어 '화수분' 과 유사한 뜻이다.

아가호와가 클로제 앞에서 공중제비 돌기.
뭔가를 어설프게 하는 사람 앞에서 '그것은 바로 이렇게 하는 것이다' 라는 본때를 보여주고 상대방으로 하여금 완전히 포기하게 하는 경우를 말한다. 정반대의 속담으로는 너무도 잘 알려진 '번데기 앞에서 주름 잡기', '공자 앞에서 문자 쓰기' 등이 있겠다. (주: 아가호와는 골 세리모니로 공중제비 7번을 도는 나이지리아 선수)

모레노 주심 레드 카드 내밀고 눈 치켜뜨듯 한다.
이미 마음을 결정하였으므로 상대방의 어떠한 변명이나 비난도 듣지 않겠다는 결연한 의지를 보이는 사람에게 쓴다.

히딩크 감독이 심판에게 물 권하기.
직전의 어색함을 무마시키면서 웃음을 자아내는 행동을 말한다. 워낙 사랑받고 있는 사람이 재미있는 행동으로 더욱 인기를 모을 때도 쓴다.

퇴장당하는 호나우딩요 웃음짓듯.
남들과 동일한 상황에서 매우 특이하게 반응하는 사람, 또는 여유를 보이며 현명하게 행동하는 사람을 칭찬할 때 쓰인다.

국가대표 팀 흰색 유니폼.
보기만 해도 뭔가 좋은 일이 일어날 것 같은 물건을 뜻한다. 동의어로는 '히딩크 감독의 파란 넥타이' 등이 있다.

이탈리아 팀 지고나서 숙소 부수네.
'종로에서 뺨 맞고 한강에서 눈 흘긴다'가 조금 비슷하다고 할 수 있지만 역시 좀 약하다. 반대되는 말로는 '아름다운 사람은 떠난 자리도 아름답습니다'라는 캠페인 용어를 생각할 수 있다.

비에리가 팔꿈치 휘두르듯 한다.
'미친년 널뛰듯 한다'와 비슷한 아주 좋은 속담이 될 수 있다.

페루자가 안정환 내쫓은 격.
 이 속담은 세 가지 뜻이 있다.

(1) 안 그래도 정 떨어진다고 생각하고 있는데 고맙게도 먼저 이별을 선언하는 경우에 하는 말. (예: 그녀가 그를 차다니, 그야말로 페루자가 안정환 내쫓은 격이네)

(2) 금방 후회하고 번복할 일을 기분에 못 이겨서 저질러 버린 경우에 쓰는 말.

(3) 행동하는 사람의 수준이 의심스러울 때 경멸하며 하는 말.

하산 샤슈의 골 세리모니 같구나
 경사가 있는데도 믿어지지 않을 정도로 침착한 모습을 보이는 사람에게 놀라며 하는 말. 반대말로는 '세네갈 선수들 코너에 셔츠 깔았네'가 있다.

호아킨의 승부차기.
 내내 상대를 두려움에 떨게 한 사람이 가장 결정적일 순간 의외의 실수를 했을 때 쓴다.

폴란드 팀이 초반에 2점 내는 격.

별로 기대하지 않았던 사람이 자신을 돕거나 마음을 편하게 해
주어서 아주 고마운 경우에 쓰는 말.

월드컵과 히딩크

히딩크의 죄목

히딩크는 온 국민에게 다음과 같은 해악을 끼친 인물이므로 검찰은 그를 영구 출국 금지하고 여권을 압수해야 한다.

1. 국민수면방해죄
월드컵 기간 동안 온 국민이 잠을 설치게 함.

2. 영업방해죄
자영업자들이 공짜 맥주, 공짜 음식을 제공함으로써 막대한 영업상 손실을 입고 보험사는 재정 악화를 불러왔음.

3. 의료방해죄
엔돌핀이 팍팍 나와 모든 환자의 병이 호전됨으로써 병원 및 제약사들의 매출에 막대한 지장을 초래함.

4. 선거법위반
젊은이들로 하여금 지방자치 선거에 관심이 없게 만들어 선거를 못하게 했음.

5. 병역법위반 가능성

국방의 의무를 수행해야 할 선수들이 16강에 들어 군 면제를 받은 바, 이는 국가 안보에 매우 위태로운 일이다. 이를 사주한 히딩크는 보안법으로 다스려야 한다.

이처럼 엄청난 범죄를 저지른 히딩크는 출국 금지는 물론 국가 대표 팀 감독으로 영구 복무하는 무기형에 처해야 한다.

히딩크의 운명

Worldcup Leadership Humor

월드컵에서 1승도 못 올릴 경우

"역시 우리는 안돼"하는 자괴감과 함께 언론들이 또다시 '히딩크 죽이기'에 나선다. 일부 성숙한 한국인들의 고별인사를 받으며 히딩크는 쓸쓸히 고국 네덜란드로 돌아간다.

1승은 올리지만 16강 진출에는 실패할 때

일부 언론들이 히딩크를 비난하지만 대다수 국민들이 '그래도 히딩크는 할 만큼 했다'면서 히딩크의 공을 인정한다. 히딩크도 아쉬움은 있지만 한국인들의 환송을 받으며 공항을 떠난다.

16강 진출에 성공할 경우

전국민적인 열광을 한 몸에 받으며 '히딩크 귀화' 압력이 나오지만 히딩크는 한국인들에게 엄청난 희망과 용기를 심어주었다는 자부심을 안고 자랑스럽게 한국을 떠난다.

8강에 진출할 경우

히딩크는 고국으로 돌아가기 힘들어진다. 5천만명의 한국인들이 전부 '히딩크 스토커'가 되어 강제 귀화할 가능성이 크다. 또한 한글판 '히딩크 위인전'이 출판된다.

4강에 오를 때

정몽준이 히딩크의 인기를 발판으로 '축구당'을 결성해 정계에 진출한다. 정몽준은 대선에 출마하고 히딩크는 축구당의 총재가 된다.

결승전에 나가게 된다면

축구당이 정몽준파와 히딩크파로 나뉘는 분열을 겪게 된다. 그러나 국민적 성원을 등에 업은 히딩크파가 정몽준파를 누르고 향후 축구당은 원내 제1당으로 한국정계의 판도를 뒤집는다. 이후 '히딩크 일당독재'가 시작되며 전국 곳곳에 히딩크 동상이 세워진다.

우승하는 기적이 일어날 경우

단군신화와 각종 종교가 사라지고 '히딩크교'가 등장해 한국은 '히딩크교 제정일치'의 '전제군주사회'로 변한다. 국민들은 히딩크가 하는 말을 적은 '히딩크 어록'을 경전 삼아 달달 외워야 하고 그의 뱃지를 가슴에 달고 다닌다.

긴 말 안 한다, 남아라.

Worldcup Leadership Humor

전두환 : 본인도 테레비를 본 사람으로서 말하지만 왜 자꾸 나가려고 그래~

김영삼 : 저의 생각은, 위대한 히딩크 감독은 학실히 우리나라에 필요한 사람이라고 생각합니다.

노무현 : 저 노무현의 지지율이 변함없듯 히딩크 감독을 사랑하는 국민들의 마음 또한 변함없다고 저는 생각하는데 여러분들의 생각은 어떻습니까?

오지명 : 아 맞어맞어. 우리 사위 말이 무지하게~ 맞는 거야. 무지하게~ 48시간만 남지 말고 그냥그냥 남아서, 알지?

이정현 : 히딩크~ 히딩크~ 사랑해요.

장나라 : 히딩크 오빠 몇 년만 더! 쪽쪽쪽!

앙드레 김 : 어 빠워뿔한 한국 축구 너무 어 보기 좋고 어 히딩크 컨티뉴해서 맡아주길 바랄게~요.

최불암 : 파~랑 눈의 히딩크 나도 전원일기만 하는데 한 우물만 파~

로버트 할리 : 지가 한국에서 오래 지내봐서 아는 건데예 그냥 남는 게 어때예?

이주일 : 내가 몸도 아파 죽겠는데 어딜 나갈라고? 따지냐? 한 번 더 보여주시라니깐요.

강수연 : 소녀 다시 한번 감독 맡으신 것 진심으로 감축드리옵니다.

송재익 : 대문을 나와서 빗자루를 들고 있는데 쓸고 있던 앞마당은 손으로 쓸 수가 없죠. 빗자루 든 사람이 마저 쓸어야 할 텐데요…

최주봉 : 에유~워딜 또 나간다면서유~ 응…나가면 고생인디 뭐… 워…워딜 나간대~

최민수 : 긴 말 안한다, 남아라.

김국진 : 그르니까 말이죠 제가 하고 싶은 말은 이 말이란 말이지. 나가지 마란 마리야~

문성근 : 지금 우리는 히딩크라는 명장을 왜 잡아야 되는지 심도 있게 이야기해볼까 합니다.

이덕화 : 사랑과 정열을 그대에게~ 대표팀 한 번 더 부탁~해요!

믿거나 말거나 월드컵 징크스

월드컵 징크스
Worldcup Leadership Humor

단군 할아버지의 앙갚음설

한국을 상대로 다섯 골을 넣은 팀은 이번 월드컵 무대에서는 발을 붙일 수 없다는 설이다.

지난해 컨페더레이션스 컵에서 한국을 5-0으로 대파했던 프랑스는 조 꼴찌로 탈락했고, 1998년 프랑스월드컵 조별 리그와 지난해 평가전에서 한국을 각각 5-0으로 꺾은 네덜란드와 체코는 지역 예선에서 모두 떨어졌다. 포르투갈이 조별 리그에서 한국에 패한 것도 66년 잉글랜드 월드컵에서 같은 단군의 자손인 북한에 5-3으로 이긴 원죄 때문이라는 것이다.

36년 주기 답습설

북한은 월드컵 대회 창설 이후 36년 만에 결선 토너먼트에 진출했고, 한국은 북한이 결선에 진출한 지 36년 만에 다시 결선에 올랐다는 것. 당시 북한은 D조였는데, 올해 한국도 D조다. 북한은 당시 경기 순서가 소련(동구)·칠레(아메리카 대륙)·이탈리아(서유럽) 순이었는데, 한국도 이번에 폴란드·미국·포르투갈 순으로 경기를 치러 똑같은 길을 걷고 있는 것이다. 한국은 북한(8강)과 마찬가지로 중요한 길목에서 이탈리아와 만나게 됐다.

2의 n제곱 괴담

조 추첨이 있었던 지난해 12월을 기준으로 FIFA 랭킹이 2의 제곱수가 되는 나라는 이번 월드컵에서 불운을 겪는다는 설.

2의 0제곱(1위)부터 1제곱(2위), 2제곱(4위), 3제곱(8위) 등은 모두 쓴맛을 본다는 얘기다. 실제로 랭킹 1위인 프랑스와 2위인 아르헨티나가 탈락했고, 8위인 네덜란드는 지역 예선에서 떨어졌다. 한국의 16강 희생양이 된 포르투갈의 당시 순위도 4위였다. 2의 n제곱 괴담에 해당하는 나라 가운데 16강에 진출한 나라는 2의 4제곱(16위)인 스웨덴인데 스웨덴이 세네갈에 패해 이 설은 모두 맞아 떨어졌다.

DJ 불패설

대통령이 관전할 경우 한국팀이 꼭 승리한다는 것. 대통령이 참관한 폴란드와 포르투갈전에서 한국은 승리했지만, 반미감정을 고려해 참관하지 않은 미국전에서는 비겼다는 게 골자다. 지난해 11월 한국-크로아티아 평가전이나 98년 도쿄에서 벌어진 한일간 월드컵 예선전에도 대통령이 참석했는데 승리했다는 것.

펠레의 저주

축구 황제 펠레가 월드컵이 개막하기 전에 우승 후보로 지목한 나라는 꼭 부진을 면치 못한다는 펠레의 저주설. 펠레는 94년 월드컵 때 콜롬비아를 우승 후보로 꼽았는데 16강에도 오르지 못했고, 98년 월드컵 때는 스페인을 우승 후보에 올렸으나 역시 조별 리그에서 탈락했다. 펠레는 이번 월드컵에서도 브라질과 함께 이탈리아·포르투갈·아르헨티나·프랑스를 우승 후보로 지목했는데 브라질과 이탈리아를 제외하고는 모두 초반 탈락했다.

월드컵 속설

Worldcup Leadership
Humor

지난번 우승팀은 개막전에서 고전한다.
 - 프랑스가 그래서 탈락?

월드컵은 개최지 대륙을 떠나지 않는다.
 - 꽤 많은 우승컵이 개최국이 있는 대륙의 팀에게?
  그러나, 이번에는 남미대륙으로 갔다.

"개최국은 무난히 16강에는 진출한다."
 - 한국과 일본이 16강에 진출한 것이 개최국의 힘인가?

축구골대를 맞히면 패배한다.
 - 일본의 8강 진출 좌절이 그래서? (vs 터키)

축구황제 펠레가 '잘할 것'이라는 나라는 성적이 좋지 않게 되는 것은 '펠레의 저주' 때문이다.
 - 아르헨티나, 프랑스가 그래서? 자기나라 브라질에 대해서는 한번도 그런 말을 한 적이 없다던데?

아프리카의 검은 돌풍은 반드시 있다.
 - 이번엔 세네갈이?

아시아에서도 돌풍이 생기고 이것이 태풍이 된다.
 - 그게 바로 한국이야!

한국에서 만든 월드컵 속설
Worldcup Leadership Humor

외국감독을 영입하여 지휘권을 맡기면 최소한 16강까지 간다.
 - 줄, 백을 고려하지 않고 실력으로 선수를 발탁하므로?

응원단의 이름은 '붉은 악마(Red Devils)'여야 한다.
 - '레드 데블즈'의 이름아래 엄청난 응원단원들이 구름처럼 모여드니까. 그리고 응원단 '붉은 악마'의 정열적인 응원이 힘이 되니까.

같은 조인 경우 큰 나라의 운명은 한국이 좌우한다.
 - 한국이 미국을 16강 진출전에서 살렸고, 덕분에 미국은 16강전에서도 이기고 8강까지 갔다.

개최를 하지만 돈은 많이 벌지 못한다.
 - 월드컵 특수를 기대했건만 입장권 판매도 부진하고….

꼭 보신탕가지고 흠잡는 사람이 생긴다.
 - 프랑스 여배우 브리지트 바르도가 개구리 요리, 거위간 요리를 어떻게 만드는 지는 관심이 없어서 그렇다. 앞으로도 국제행사 때마다 들고나올 듯.

큰 행사가 지나가고 나면 세상이 바뀌어 있다.
 - "아니, 언제 저런 망나니가 국회의원이 되었어?"
 - 선거는 꼭 스포츠 행사때 치뤄야 '자격미달후보' 가 당선돼도 시비거는 사람이 없다?

심한 반칙하는 나라치고 탈락하지 않는 나라 없다.
 - 포르투갈이 그랬고, 이탈리아도 그랬다. 결국 둘다 탈락! '동방의 선비, 신사' 한국은 페어플레이를 하면서도 4강에 올랐다.

(1970+1994)-2002…우승공식

월드컵에 관한 갖가지 징크스가 나도는 가운데 이번엔 우승국에 관한 '믿거나 말거나' 식 공식이 등장, 관심을 끌었다. 역대 월드컵 우승국과 해당 연도의 함수관계에 따라 이번 월드컵 우승국이 브라질이 될 수밖에 없었다는 논리다.

브라질이 가장 최근 우승한 해는 1994년 미국월드컵이고 그 직전 우승컵을 쥔 해는 1970년 멕시코 월드컵이다. 이제 이 두 수를 더하면 3964. 1986년 마지막으로 우승컵을 안은 월드컵 2회 우승국 아르헨티나가 처음 월드컵에서 우승한 해는 1978년. 역시 두 수를 합하면 3964다.

독일의 경우 1990년 마지막으로 우승했으며 그 바로 전 월드컵 우승을 일궈낸 해는 1974년. 합은 또다시 3964란 기가 막힌 수가 나온다.

이와 같은 논리에 따르면 올해가 2002년이므로 '3964-2002=1962.' 결국 2002 한일월드컵 FIFA컵은 1962년 우승국인 브라질에게로 돌아간다는 주장이다.

결국 2002 한일 월드컵 우승은 브라질이 하지 않았는가.

선수들의 이름

선수들의 이름
Worldcup Leadership Humor

1. 파울만 전문적으로 하는 축구 선수는?
   로비 파울러(잉글랜드)

2. 세계에서 제일 낚시를 잘 하는 축구 선수는?
   나카타(낚았다) (일본)

3. 맥주에 목숨을 건 축구 선수는?
   올리버 비어호프(독일)

4. 대학을 가장 어렵게 들어간 우리나라 축구 선수는?
   이천수(재수, 삼수 도 아니고 이천수나…)

5. 물에 절대 안 빠지는 축구 선수는?
   카누

6. 버스 뒷좌석에만 타는 선수는?
   멘디에타(맨 뒤에 타) (스페인)

7. 말띠로 착각받는 선수는?
   파울로 말디니(말띠니) (이탈리아)

8. 남대문에 사는 축구 선수는?
   가레스 사우스게이트(잉글랜드)

9. 언제나 순지와 인사하는 축구 선수는?
   순지 하이(중국)

10. 손이 가장 작은 골기퍼는?
    안드레아스 이삭손(폴란드)

11. 이름이 길고 발음이 힘든 선수?
    에스타니슬라오 스트루와이(파라과이)와 피오트르 스비에르체프스키(폴란드)

덴마크 축구가 센 이유

GK: 토마스 쇠렌센.

DF: 레네 헨리크센, 마르틴 라우르센, 니클라스 옌센, 마르틴 알브레크트센, 미카엘 헴밍센.

MF: 토마스 그라베센, 클라우스 옌센, 알란 니엘센, 브리안 스틴 니엘센, 마르틴 외르겐센, 페테르 니엘센, 마스외르겐센, 페르 프란드센, 미카엘 요한센.

FW: 얀 미카엘센, 페테르 마센, 헨리크 페데르센.
감독: 모르텐 올센.

맥주와 안주

부부가 다정히 한일 월드컵 결승전을 보고 있었다. 브라질과 독일의 한 치의 양보도 없는 경기가 벌어지는 가운데 독일에서 '비어호프' 선수를 교체 투입한다. 이 때 지켜보던 부부의 대화.

부인 : 어라~ 맥주 나오네.

잠시 후 독일이 '지게' 선수까지 투입하자.
남편 : 얼씨구, 이젠 안주까지. (지게=찌개)

유명 선수들의 반칙 대처법

Worldcup Leadership Humor

베컴(잉글랜드): 네가 나를 쳤어? 얏! 같이 맞선다. 그리고 퇴장당한다.(4년 전 프랑스 월드컵에서 실제로 있었던 일이다. 인기 팝가수와의 결혼을 불과 몇 달 앞두고 있었던 그는 이 사건 후 '패배의 원인'으로 심한 비난을 받았으며, 멋진 금발을 전부 밀어버리고 수염으로 잘생긴 얼굴을 가려야 했다)

감독의 대책: 베컴에게 팀의 주장자리를 맡겨서 혈기를 가라앉힌다.(대성공! 이후 베컴은 4년 전의 역적에서 잉글랜드의 희망이라는 찬사를 받으며 한일 월드컵에 출전했다)

피구(포르투갈): (잠시 째려본다) 손을 들어 상대 선수를 안심시킨 후 심판에게 가서 이른다. 가끔 오버액션(시뮬레이션)으로 퇴장을 유도하기도 한다.(히딩크 감독도 스페인의 프로팀에서 감독생활을 하던 시절, 피구의 이 오버액션에 골탕을 먹은 적이 있다. 그 경기 후 그는 해임됐고 1년 뒤에 아시아의 한 나라에서 그를 데려갔다.)

감독의 대책: 무슨 대책을 세우고 말고 하겠는가? 내가 감독이라면 더 좋은 기술을 가르쳐줄 것이다.

베컴이 짐싼 이유

서태지가 베컴에게 오라고 했다.

YOU MUST COME BACK HOME
유 머스트 컴 베컴.

나는 승리를 확신한다.

독일전을 앞두고 미국 대표팀 어리나 감독은 강력하게 승리를 확신했다고 한다. 여러 기자들이 그 이유를 묻자, 어리나 감독은 이렇게 답변을 했다.

"조별 예선에서 한국에게 골을 넣은 팀은 우리 팀뿐이다."

피버노바

이천수 선수가 슛을 날린다는 것이 그만, 실수로 이탈리아 선수 말디니의 머리를 걷어차고 말았다.

이천수 : 나의 대포알 슈팅을 받아라, 슈웃!
말디니 : 으악! 왜 내 머리를 차고 난리야.
이천수 : 어, 공이 아니네. 하나, 둘.
주위에 있던 선수들 : 앗싸~
말디니 : 너 어떻게 보상할 거야. 내 몸값이 얼만 줄이나 알아?
이천수 : (말디니의 양 어깨에 손을 슬쩍 갖다 대며)
　　　　 당신을 피버노바로 임명합니다.

헤딩슛의 비밀

안정환의 헤딩슛.

미국전을 보고 조금은 의아해하는 사람들도 있었을 것이다. 보통 헤딩슛과는 조금, 아니 조금 많이 다른 그것, 혹시 운이 좋아서 들어갔나 했을 것이다. 그러나 우리는 이번 이탈리아전에서 그 헤딩슛을 또 보았다. 고개를 거의 돌리지 않고 그냥 머리에 공이 맞았을 뿐인데 골키퍼가 손 쓸 수조차 없이 골대 안으로 빨려들어가는 환상의 헤딩슛.

그 비밀은 바로 안정환의 아줌마파마 머리다!

그 강렬한 파마 머리의 회오리치는 머릿결을 타고 자연스럽게 생기는 스핀과 가속력까지 붙어 강력해지는 헤딩슛!

거기다 골키퍼는 공의 방향을 전혀 예측할 수 없다. 공의 방향은 안정환의 머리에 공이 맞는 위치의 파마 방향에 의해 결정되므로 안정환의 헤딩 자세만 보고서는 절대 막을 수가 없는 필살의 슛인 것이다!

꽃미남 이미지를 버리고 과감히 시도한 아줌마파마. 그것엔 이런 엄청난 비밀이 숨겨져 있었다.

작전회의

Worldcup Leadership Humor

〈한국과의 결전을 앞두고 작전회의가 벌어진 상대팀〉

감 독: 한국의 득점원을 봉쇄하라! 득점이 가장 많은, 으음 그래 안정환을 봉쇄한다!
선 수: 저, 걔 이번에 선발 아닌데요?
감 독: …….
감 독: 그렇다면 플레이메이커를 막아라!
선 수: 누구요? 유상철 마크할까요?
감 독: 글쎄.
그래, 플레이메이커라면 송종국 정도인가? 이 녀석 집중

마크해!

〈경기 시작 후〉
선　수: 내가 왜 최종 수비수를 전담 마크해야 하는 거지?
감　독: 에잇 모르겠다! 차두리 막아!

〈10분 후〉
선　수: (들것에 실려와서) 못 막겠어요.
감　독: 흑흑.

포르투갈이 우리에게 진 이유
Worldcup Leadership Humor

포르투갈이 우리에게 진 이유.
- 10명은 축구 선수였는데 1명이 피구 선수였기 때문.

이탈리아가 우리에게 진 이유.
- 10명은 축구 선수였는데 1명이 권투 선수였기 때문.

우리가 독일에게 진 이유.
- 10명은 축구 선수였는데 1명이 배트맨이었기 때문.

포르투갈 16강 탈락의 비밀

Worldcup Leadership Humor

1. 피구가 공을 제대로 잡지 못한 이유

이름에 그대로 나와 있다. 避(피할 피) 球(공 구). 공이 피한다는 뜻을 갖고 있는 피구의 이름. 개명을 했어야 했다.

2. 파울레타가 몸싸움에서 부진하고 제대로 된 플레이를 못한 이유

이것 역시 이름에 나와 있다. FIFA에서 그는 파울을 하지 말라는 엄청난 경고 메세지가 담긴 편지를 받았다. foul+letter=파울레타, 그 경고에 겁먹고 뛰지 못한 듯.

축구와 섹스

월드컵 이전 한국 축구와 섹스

1. 미련하게 체력만 앞세운다.
2. 골문 앞에서 허둥거린다.
3. 여럿이 달려들면 어찌할 바를 모른다.
4. 비디오를 보며 완벽히 분석해도 실전에서는 잘 안된다.
5. 다음엔 더 나을 거라는 기약을 꼭 한다.
6. 열정 하나로 맨땅에서 하는 때도 있다.
7. 초반에 너무 빨리 실점하기도 한다.

축구와 섹스의 공통점

1. 골을 넣는 것이 목적이다.
2. 체력과 경험을 겸비해야 훌륭한 선수다.
3. 직접 하는 것을 좋아하는 사람이 있는가 하면 남이 하는 걸 보는 것을 더 좋아하는 사람도 있다.
4. 필요한 장비를 전문으로 파는 상점이 있다.
5. 해트트릭을 하면 매우 많은 사람들한테 부러움을 산다.

6. 문전처리 미숙과 골 결정력 부족은 항상 문제가 된다.
7. 홈경기도 있지만 원정경기도 있다.
8. 선수끼리 호흡이 잘 맞아야 한다.
9. 장비가 그다지 많이 필요하지 않다.
10. 미리 작전을 짜두는 치밀한 사람도 있다.
11. 외국과의 경기에 유난히 관심을 갖는 사람들도 있다.
12. 좋은 경기를 위해 많은 보약을 복용하기도 한다.

선수들 이야기

선수들 이야기

Worldcup Leadership Humor

태극전사들, 약물 복용하다

강한 체력으로 전 세계를 놀라게 한 한국 대표팀이 도핑테스트 결과 약물을 복용한 사실이 밝혀졌다. 그 약물 이름은,

'이영표 안정환!'

엘라스틴

초록색의 그라운드. 한 선수가 땀에 흠뻑 젖은 머리로 달려오고 있었다. 그의 이름은 홍명보. 경기를 끝낸 그가 찰랑거리는 머리로 뒤를 돌아보며 외친다.

"저도 엘라스틴 했어요!"

홍명보 선수가 머리카락을 찰랑거리며 달릴 때 뒤따라가던 이천수 선수.

"명보 형은 슈팅보다 머릿결이 더 좋은 것 같애."

터프가이

그라운드의 최민수, 김남일 선수에게 독일전을 앞두고 한 기자가 이야기를 꺼냈다.
"이번 경기를 이기면 요꼬하마에 갑니다."
김남일이 대답했다.

"요꼬하마보고 오라 그래."

선수들이 스토커를 만난다면

여성 스토커들에게 한밤 중 보쌈을 당한다면 선수들이 반응은 어떨까?

홍명보: 여자가 질려서 가 버릴 때까지 근엄한 표정을 지은 채
 움직이지 않는다.

이운재: 상대를 펀칭으로 밀어낸 후 도망친다.
이영표: 딴전을 피우고 있다가 틈새가 보이면 재빨리 도망친다.
김태영: 몸싸움을 해 상대를 녹초로 만든 후 가버린다.
유상철: 하하 웃으면서 화기애애한 분위기를 조성하다가 슬쩍 멀리 도망친다.
설기현: 쇼크를 받은 듯 멍한 표정을 지으며 자신을 자책한다.
안정환: 결혼반지를 보여주며 반지에 키스를 한다. 여자가 질려서 놓아준다.
송종국: 기도를 올린다. "주여 저의 죄를 사해 주시옵고…."
김남일: 얼굴을 보고 괜찮으면 미소를 흘리고, 얼굴이 아니다 싶으면 "XX!"라고 외치며 화를 낸다.
박지성: 운다.
이천수: 잰걸음으로 도망친다.
차두리: 몸으로 벽을 깨고 도망친다.

준결승에서 독일 때려잡기!

Worldcup Leadership Humor

기선 제압하기

초반 독일의 강력한 공격을 우리의 강한 압박으로 제압해보자!

차두리 : (강력한 발차기로 클로제를 후리며) 이얏!
독일감독 : 이봐 심판! 저거 반칙 아냐?
차두리 : 헉 걸리겠다! 차범근으로 변신! 이보게 감독, 나 차붐일세. 나를 잊었나?
독일감독 : 아니 차붐. 내가 당신을 모른다니 말도 안되지. 아깐 나의 실수였소.
차두리 : 이보게 클로제 자네! 발로차(사커) 발로 좀 차시게
클로제 : 오 알겠습니다 차붐.

걸렸을 때 발뺌하기

우리의 강한 압박에 심판이 카드를 주려할 때 효과적으로 발뺌해보자!

김남일 : 에잇!
발 락 : 으헉-

심　판 : 김남일 자네! 발락의 옆구리를 찼지?
김남일 : 그럼 발락의 개구리를 찼겠어요? 하나, 둘.
심　판 : 자네 안보이게 한 파울이 도대체 몇 갠가?
김남일 : 붉은 악마 응원단보단 적을 겁니다 하나, 둘.

상대를 유혹하여 쉽게 승리하기

　상대 선수를 칭찬하며 유혹하여 쉽게 승리를 따내보자.

이영표 : 이봐 잘생긴 독일 수비수. 내가 공을 줄 테니 자네의 멋진
　　　　 슛을 보여주지 않겠나? 내 자네의 슛을 배우고 싶네.
수비수 : 그거 좋지! 이영표 잘보시게 슛~골!
골키퍼 칸 : 이봐. 왜 여기다 넣는 거야?
수비수 : 아차 상대 골대가 아니네~

키 스

맹구: 왜 안정환이 반지에 키스하는 줄 아나?
모두: 왜?
맹구: 반지를 핥으면 이상하잖아.

맹구: 왜 히딩크가 월드컵에서 좋은 성적을 거뒀는지 아나?
모두: 왜?
맹구: 히딩크는 히 씽크 (He think)하기 때문이잖아.

선수들 이름으로 삼행시

황　　황홀한
선　　선제공격
홍　　홍콩간다

설　　설마했다간 그의
기　　기막힌 개인기에
현　　현혹당한다

차　　차면 넣어라
두　　두리야 이제 더 이상
리　　리허설은 없다

최　　최전방에서
용　　용감하게
수　　수비수를 돌파한다

이　　이제 너희 팀
운　　운은 다했다
재　　재수 없겠군, 날 만나서

안	안정된 플레이
정	정열적인 돌파
환	환호하는 여성 팬

유	유연한 킥과
상	상황 판단은 기교가
철	철철넘친다

이	이리 저리
천	천부적으로
수	수비수를 따돌린다

윤	윤정환의
정	정확한 패스는
환	환상적이다

최	최선을 다하는
성	성실한 플레이와
용	용감한 오버래핑

이	이제 그는
영	영낙없는
표	표범이다

송　송곳 같은 패스로
종　종횡무진
국　국민을 열광시킨다

최　최태욱의
태　태산 같은 기세는
욱　욱일승천한다

김　김치먹은 힘으로
남　남몰래
일　일낸다

이　이를 악문
을　을용이는 돌파를
용　용서치 않는다

박　박력있는 대쉬
지　지칠줄 모르는 체력
성　성역은 없다

홍　홍명보는
명　명실상부
보　보배스런 존재다

최　최후방에서
진　진을 치면
철　철옹성이다

김　김태영이
태　태풍처럼 질주하면
영　영낙없이 막아낸다

현　현란한 플레이
영　영리한데다
민　민첩하기까지

이　이삼십 미터 중거리슛에
민　민감한 수비까지
성　성공할 수밖에

김　김병지의 철벽 같은
병　병풍수비
지　지존!

최　최후의 보루
은　은성이가 막아내면
성　성공한다

필승코리아 오행시

Worldcup Leadership Humor

필 필연입니다, 이건 우연이 아닙니다.
승 승승장구하는 태극전사들 자랑스럽습니다!
코 코뼈가 부서져도 다시 일어서는 투지는 감동적입니다
리 리더쉽이 빛난 히딩크 감독님 감사합니다
아 아름다운 그들의 모습에 박수를 보냅니다~

필 필사적으로 열심히 싸워준 우리 선수들, 모두가 자랑스럽습니다.
승 승리에 연연하기보다는 최선을 다해 노력한 우리 선수들에게 진심어린 박수를 보낸 대한민국 국민중 한사람인 것도 자랑스럽습니다.
코 코리아는 이제 세계에 우뚝 섰습니다.
리 이 사실을 어느 누구도 부정하지 못할 것입니다.
아 아리랑~ 아리랑~ 아라리요~

필 필사적인 붉은 악마의 멋진 응원은 경기장을 붉은색으로 뒤덮었고
승 승리의 매 순간에 우리는 하나 가 되었다
코 코리아를 사랑하는, 애국심을 길러준 이번 월드컵은 경기

결과도 중요했지만 그 애국심은 돈으로 살 수 없는 고귀한 것이었다.
리　리본과 바디 페인팅, 태극기 그리고 붉은 티셔츠. 승리를 기원하는 국민들의 몸과 마음은 전국을 붉은색으로 색칠을….
아　아시아의 자존심을 지켜준 우리 선수단에게 고맙다는 말을 하고 싶다. 코리아팀 파이팅!

사강고등학교

히딩크 : 사강고의 교장선생님. 사강고의 성적 침체가 계속되자 명문고에서 스카웃 해 온 실력있는 교장이다. 성적 침체의 원인은 학생들의 머리가 아니라 체력이라고 판단하고 학교 운영지원비의 반을 학교급식에 투자해 체력이 강해진 사강고 학생들은 전국 모의고사에서 4등을 차지. 학부모들 사이에서 히딩크 교장은 '영웅'으로 떠올랐다.

박코치 : 사강고의 교감선생님. 푸근한 미소로 뒤에서 열심히 학생들을 뒷바라지한다. 모의고사 4등의 영광은 교장선생님의 공이 크지만, 교감선생님의 헌신적인 뒷받침이 있었기에 가능했다는 것이 학생들의 생각이다.

황선홍 : 사강고의 학생부장 선생님. 매일 아침 교문에서 학생들을 다독거리는 그를 볼 수 있다. 학생들을 사랑하는 마음이 매우 커서 학생들을 위해서라면 몸을 사리지 않는다. 그러다보니 오른쪽 눈 옆이 찢어지는 상처를 입기도 했다. 교감선생님과 각별한 사이로, 모의고사 4등 소식을 듣고 교감과 얼싸 안는 보기 좋은 모습을 보이기도 했다.

홍명보 : 사강고의 학생회장. 용모가 단정하고 학업 성적이 우수해 타학생들의 모범이 되고 있다. 타고난 의협심과 책임감으로 학생들이 불이익을 당하면 앞장서서 거세게 항의하는 강한 모습을 보인다.

송종국 : 사강고의 국어선생님. 흰 피부의 깔끔한 외모로 사강고 여학생들에게 큰 인기를 얻고 있는 총각선생님이다. 그를 매우 아끼는 교장선생님의 도움으로 (교장선생님의 특별급식 덕으로 보인다) 체력이 월등해진 그는 다른 선생님들보다 훨씬 많은 강의량으로 최근 실력을 인정받고 있다.

김남일 : 사강고의 짱. 아무도 그를 건드리지 못한다. 인근 학교의 짱 핀투, 토티 등과의 싸움에서 압승을 거둠. 특히 아무도 알지 못했던 싸움인 지역 최고의 짱 지단과의 혈투에서 대승했다. 지단은 그 여파로 부상을 입어 수능을 치르지 못해 현재 재수중이다.

안정환 : 사강고의 얼굴짱. 수려한 외모와 윤기나는 머리카락으로 여학생들에게 많은 사랑을 받고 있지만, 성적이 오르면 반지에 키스를 하는 바람에 사귀는 여학생이 있음이 드러났다. 때문에 그를 사모하는 많은 여학생들이 안타까워하고 있다.

박지성 : 시골에서 전학 온 학생. 푸근하고 친근한 인상으로 학생들은 물론 선생님들까지도 그를 매우 좋아한다. 매사에 성실한 그는 특히 교장선생님의 깊은 총애를 받고 있으며, 최근 성적이 많이 올라 교장선생님께 큰상(뽀뽀)을 받았다.

설기현 : 박지성과 마찬가지로 시골에서 전학 온 1학년 학생. 성숙한 외모로 종종 선배들에게 인사를 받기도 한다. 그동안 성적 올리는 데 실패했지만 이번 모의고사에서 성적을 크게 향상시켜, 사강고 전국 4등의 영광에 결정적인 역할을 하였다.

이영표 : 사강고 연극부 부장. 뛰어난 연기 실력으로 교외 대회에서 큰 활약을 하여 학교를 빛내고 있다. 도저히 믿지 않고는 못 배기는 맑고 큰 눈을 초롱초롱 반짝이며 선생님 앞에서 연기를 해 야자를 빠지기도. 하지만 그런 그도 하느님 앞에서는 진지한 신도의 모습.

최진철 : 사강고의 선도부. 매일 아침 교문에서 그를 볼 수 있다. 사강고 학생들 중 가장 키가 커서 학생들에게 위압감을 주고 있으며, 시야가 넓은 그가 교문을 지키고 있기 때문에 사강고 학생들은 결코 선도부를 피해 학교로 들어가는 짓을 할 수 없다. 덕분에 학교 질서는 바로 잡혀 훌륭한 학습 분위기가 조성되었다.

이천수 : 영표의 연극부 후배. 연극부 면접에서 이웃 학교인 U고의 오노를 패러디한 연기를 선보여 영표가 바로 연극부 가입을 추진했다는 소문이 있다. 선배 영표의 뛰어난 전도로 천수 또한 깊은 신앙심을 가지게 되었다.

유상철 : 다재다능한 3학년 학생. 우수한 학업 성적은 물론이고 체육, 미술, 음악 등 모든 방면에서 뛰어나다. 학급에서도 실장, 부실장, 오락부장 등 여러 학생들이 맡아야 할 일을 혼자서 거뜬히 해내 담임 선생님의 총애를 받고 있다.

김태영 : 사강고 권투부 부장. 비록 고등학생이나 투철한 프로의식을 지닌 그는 얼마전 강적 비에리와 시합을 벌였는데, 비에리는 권투에서 발차기라는 괴이한 행동을 보여 태영의 얼굴에 부상을 입혔다. 하지만 태영은 부상을 입고도 가면과 같은 보호대를 착용하고 등교해서 모든 학생들이 존경을 받고 있다. (배트맨을 좋아하는 연극부 부장 영표가 그의 가면 쓴 모습을 보고 연극부 가입을 권유했다는 후문이 있음)

차두리 : 사강고 농구부. 타고난 체격과 교장선생님의 특별급식의 영향으로 넘치는 힘을 가지고 있는 그는 매사에 적극적이고 활동적이어서 많은 선생님들의 신임을 받고 있다. 그러나 가끔은 그

힘을 주체하지 못해서 학교 기물을 파손시키는 등 위험한 행동을 보여 주위 친구들이 그를 슬슬 피하기도.

이운재 : 사강고의 경비아저씨. 투철한 사명감으로 비가 오나 눈이 오나 열심히 교문을 지키는 든든한 인물이다. 잡상인이나 타학교 학생들이 출입하는 꼴을 절대 보지 못하는 그는 얼마전 S고의 호아킨이 몰래 들어오는 것을 잡아내 다시 한번 사강고 학생들을 지켰다 .

이름이?

Worldcup Leadership Humor

온 국민의 대표적인 응원가 '오~필승 코리아'를 부른 윤도현 밴드가 국가대표 선수들이 모인 자리에서 공연을 마치고 돌아가려던 길이었다.

마침 황선홍 선수를 만난 밴드 멤버들은 달려가서, "저, 사인 좀 해주세요."하고는 황선홍의 사인을 받았다. 그리고는 기분좋게 돌아가려는데, 갑자기 누가 뒤에서 윤도현의 옷자락을 살짝 잡아당겼다.

'뭐지?' 하고 돌아봤더니, 송종국 선수가 우물쭈물 거리면서, "저, 사인 좀..." 하면서 부탁했다. 그래서 "아, 예. 영광입니다." 하며 사인을 해주고 있었는데 뒤이어 김남일 선수가 "저도 사인 좀..." 그리곤 박지성 선수까지 "저도 사인 좀..." 하면서, 이른바 젊은 선수들이 너도나도 사인을 받아갔다.

사인도 다 마쳤겠다, 다시 돌아가려고 하는데 누가 또 옷자락을 잡아당겼다. 돌아봤더니 대표팀 주장 홍명보 선수가 아닌가.

"저도 사인 좀 부탁드리겠습니다." 당황한 윤도현. "아, 네에." 하면서 사인해 주고는 "저도 사인 좀..." 하고 부탁했다.

그러자 홍명보 선수, 익숙한 솜씨로 슥슥 사인을 하면서 무의식 중에 한 마디했다.

"이름이?"

"윤도현이요."

내 연봉에서 까라구 하세요

항상 자신이 맡은 선수와 몸싸움을 벌이느라 경기장 어디에선가 쓰러져 구르고 있는 모습을 찾을 수 있다는 김남일 선수.

월드컵 개막직전 한국과 프랑스가 가진 평가전에서도 세계 최고의 몸값을 자랑하는 지네딘 지단을 철저히 막아내는 밀착 수비를 보여주었다. 그리고 지단은 운동부족으로 허벅지 근육에 부상을 당해서 정작 월드컵 개막전에 출전하지 못하는 수모를 당했고, 지단이 김남일 때문에 부상을 당한 것 아니냐는 소문까지 퍼졌다.

어느 날 한 기자가 김남일 선수를 찾아와서 "어쩌냐, 지단 연봉이 얼만데." 하고 걱정스럽게 물었다. 그러자 배짱 좋기로 소문난 김남일 선수 왈,

"아, 그럼 내 연봉에서 까라고 하세요!"

그 이후 그가 나올 때마다 겁먹은 세계적인 고액 연봉자들이 소리 소문 없이 사라져간다고 한다.

내가 뭘 어쨌다고?

Worldcup Leadership Humor

   심판이 보지 않는 곳에서 다리 걸고, 목 조르고 하면서 상대 선수를 꼼짝 못하게 만드는 투지 좋은 김남일 선수. 역시나 미국전에서도 그는 심판이 안 보는 틈을 타 다리를 걸다가 상대 편 선수하고 같이 넘어지고 말았다.
   김남일은 전혀 아랑곳하지 않고 넘어져 있는 미국 선수 배를 턱 짚으며 그라운드에서 일어났는데 덕분에 그 미국 선수는 일어서려다가 켁하고 다시 누워버리는 봉변을 당해야만 했다.
   바로 그 순간 심판이 자신을 쳐다보자 우리의 남일 선수는 그 미국 선수에게 친절히 손을 내밀어 일으켜 주는 시늉. 능청스러운 남일 선수의 몸짓에 상대가 열 받은 것은 당연한 일이었다. 화가 난 그가 남일의 손을 확 쳐내니까 순진한 얼굴로 'Why?' 하는 포즈로 두 손을 올린다.

용감무쌍 남일이 형

Worldcup Leadership Humor

지난 2월 우루과이와의 평가전에서 있었던 김남일 선수 일화 하나를 대표팀 막내 선수가 전한다.

"남일이 형이요, 진짜 코미디언이 따로 없다니까요.
우루과이랑 경기하기 전에 있었던 일인데, 그 날 우루과이에서 제일 인기 있다는 여자 탤런트가 경기장에 나왔거든요. 어우, 얼굴이랑 몸매가 장난 아니게 이쁘더라구요. 경기장에 입장하기 직전 라커룸 통로에서 양 팀 선수들이 줄을 쭉 서서 기다리고 있는데 그 탤런트가, 자국 팀 선수들한테 가더니 한 명씩 건투를 비는 키스를 해주는 거 아니겠어요?

맞은 편에 있던 우리들요?
그냥 엄청 부러워하면서 바라보고만 있었죠.
그런데 갑자기 맨 마지막에 서 있던 남일이 형 혼자 조용히 우루과이 쪽 줄로 옮겨가는 거예요. 그리고서 그냥 아무 일도 없다는 표정으로 그 여자를 기다리더라구요.
드디어 자기 차례가 되니까 남일이 형이 이렇게 볼을 내미는 거 있죠?
세상에. 경기 앞두고 그 긴장된 순간에….
하여간 우린 다 뒤집어졌잖아요. 그거 보고서 우리 다 뒤집어졌어여, 그냥.?

진공청소기

Worldcup Leadership Humor

　김남일의 별명은 가가멜이다. 가가멜은 고양이 아즈라헬을 거느리고 스머프들을 쫓아다니는 만화 속 주인공 이름이다. 그가 이 별명을 갖게 된 계기가 재미있다. 김남일의 소속 팀인 전남 축구단에는 아즈라헬 이라는 별명을 가진 동료선수가 있는데 김남일이 틈만 나면 이 아즈라헬 선수를 쫓아다니며 괴롭히는 것을 보고 주위에서 아즈라헬과 한 짝인 가가멜이라고 별명을 붙여 주었던 것.

　그에게는 가가멜 말고도 히딩크 감독이 직접 붙여준 별명이 있다. 월드컵 경기마다 수비형 미드필더로 상대 스타 공격수를 꽁꽁 묶는 플레이를 보여주어서 '진공청소기'라고. 그가 지나가면 상대 공격수들은 아무도 그라운드에서 발을 붙일 수 없다는 의미의 최고의 칭찬인 것이다.

　또 김남일은 한국의 다비즈라고도 불린다. 에드가 다비즈(유벤투스 소속)는 네덜란드의 수비형 미드필더로 활동범위가 넓고 거친 플레이를 보이는 이 포지션의 세계 최고로 평가받는 선수다. 처음 히딩크가 대표팀을 맡고 한국 팀에는 다비즈 같은 선수가 없다며 매우 아쉬워했는데, 이번 월드컵에서 김남일은 다비즈 못지않은 활약을 보여 그의 진가를 확인시켜 주었다.

너무 솔직해서

어느 날 한 방송국의 리포터가 김남일 선수에게 마이크를 가져다 대며 물었다.

기자: 이을용 선수하고 많이 친하시다고 들었는데요, 이을용 선수가 미국전 페널티 킥 상황에서 실축했을 때 뭐라고 위로해 주셨나요?

김남일: (천연덕스럽게) 위로는 무슨. 가서 욕이나 좀 해줘야겠어요, 정신차리라고.

물론 대표팀 내에서 김남일 선수와 가장 친한 사람이 이을용 선수다. 스스럼 없이 장난칠 수 있는 사람이기도 하고. 그러나 그의 너무나도 솔직한 대답에 리포터는 할 말을 잃었다고.

분위기 메이커, 김남일

Worldcup Leadership Humor

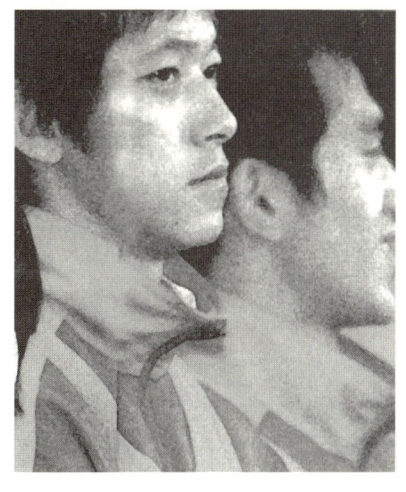

히딩크 감독이 부임하고서 우리 선수들이 선후배 사이에 위계질서가 너무 강해서 그라운드 내에서도 서로 의사소통에 문제가 있다고 보고, 게임 중에는 형이란 말을 쓰지 말고 이름을 부르라는 지시를 내렸다. 또 예전에는 선배와 후배가 다른 식탁에서 식사를 했는데 이제는 같은 상에서 밥을 먹으면서 선후배 간의 격을 좁히라고 당부했다. 그 지시가 있은 후 처음으로 같이 식사를 하던 날. 선배와 후배 모두 주춤거리며 의자에 앉지도 못하고 어려워하고 있었는데, 그때 김남일 선수가 던진 한마디에 어색했던 분위기는 사라지고 모두 배꼽이 빠지도록 웃으며 자리에 앉았다.

그가 말한 한 마디는,

"명보야! 밥 먹자!"

나이트 클럽

월드컵에서 놀라운 활약을 보여준 김남일. 그에게 한 방송 리포터가 물었다.

리포터: 오늘 4강에 진출해서 매우 기쁠텐데 이제 월드컵이 끝나면 제일 가고 싶은 곳이 어디에요?

김남일: (머뭇거리며) 이런 거 말해도 되나 모르겠어요.
리포터: 그럼요.

그래도 대답을 망설이는 김남일.

리포터: 괜찮다니까요. 어서 말씀해 보세요.
김남일: 음... 나이트 클럽이요.

그리고 스스로도 민망한 듯 카메라 화면 밖으로 잽싸게 도망쳤다.

국민대축제에서

Worldcup Leadership Humor

한일 월드컵이 성공리에 끝나고 '월드컵 성공 기념 국민대축제'에 대표팀과 코칭스태프들이 초대되어 모습을 드러냈다. 카퍼레이드를 하며 온 국민의 열렬한 환영을 받은 그들은 월드컵 4강 진출이라는 위업을 이뤄낸 공로로 대통령으로부터 훈장을 받기로 되어있었다.

축제의 무대가 마련된 광화문에는 월드컵의 열기를 그대로 간직한 수만 명의 붉은 악마가 한 자리에 모였다.

선수와 감독, 코치들이 무대에 서자 사회자는 선수마다 국민들에게 감사의 인사 한 마디씩 해 달라고 부탁했다. 전 국민이 TV를 통해 그 광경을 지켜보는 가운데 선수들이 하나씩 인사를 하기 시작했다.

"그 동안 성원해 주신 국민여러분, 감사합니다. 앞으로도 한국 축구를 더욱 많이 사랑해 주십시오."

"저희가 4강에 오를 수 있었던 것은 모두 응원해 주신 국민 여러분 덕분입니다. 앞으로도 더욱 열심히 하겠습니다."

자리가 자리인 만큼 선수들은 이런 식의 다소 틀에 박힌 인사를 하고 있었다. 드디어 김남일 선수의 차례. 마이크를 받아 든 우리의 남일 선수는 이렇게 씩씩하게 얘기했다.

"나이트클럽에 가고 싶은 미드필더, 김남일입니다. 오늘 하루 즐겁게 보내시구요, 여러분 항상 행복하세요."

포상금 3억원

월드컵이 끝나고 태극 전사 23명은 모두 3억원이라는 포상금을 받았다. 월드컵 4강에 진출하는 쾌거를 올린 데 대한 포상이었다. 어느 날 기자회견장에서 한 기자가 김남일 선수에게 물었다.

기자: 포상금으로 받은 3억원은 어디에 쓰실 겁니까?
김남일: 3억이 아니라 2억 9천만원인데요. 세금 떼고 받아서요.

그렇게 큰 돈은 처음 만져봐서 수표에 쓰여진 숫자가 2십 9만원인 줄 착각했다는 그. 그 돈으로 그 동안 어렵게 사셨던 부모님께 집장만을 해 드렸다고.

히딩크의 황태자

히딩크가 발굴해 '히딩크의 황태자'로 키운 선수들은 여러 명 있지만 그 중에서도 김남일이 가장 돋보인다. 처음 그가 대표팀에

합류했을 때 사람들은 모두 고개를 갸웃거렸다. 특별한 재능도 없어 보이고 잦은 패스미스와 불필요한 반칙을 일삼는 거친 플레이를 펼쳤기 때문이었다. 하지만 그런 그의 저돌적인 모습이 오히려 히딩크에게 한국 선수들에게서 좀처럼 볼 수 없는 특별한 재능이라며 칭찬하고 그가 실수했을 때에도 변함없이 그에 대한 믿음을 버리지 않았다. 그런 히딩크에게 보답이라도 하듯 김남일은 이제 대표팀에 없어서는 안 될 큰 재목으로 성장해 세계의 축구 관계자들은 한국에서 가장 뛰어난 선수 중 하나로 그를 꼽는데 주저하지 않았다. 그런 그에게 히딩크는 훈련중 어떤 주문을 했던 것일까?
월드컵이 끝나고 기자가 김남일에게 물어봤다.

기자: 히딩크 감독이 특별히 당부한게 있습니까? 또 어떤 이야기들을 나누었습니까?
김남일: 영어를 할 줄 몰라서 말이 잘 안 통했어요. 그저 파이팅 하라는 정도…

하지만 히딩크의 이야기는 다르다. 김남일은 알아서도 잘 하는 선수이기 때문에 특별히 주문하지 않아도 그라운드에서 자기의 역할을 잘 알고, 열심히 하는 선수라고. 그리고 김남일도 자신을 믿고 기용해준 히딩크를 아버지처럼 생각하고 있다고 밝혔다.

염색한 이유

김남일 선수에게는 70이 넘은 할머니가 있다. 어려서 부모님이 모두 생업 때문에 집을 비우는 일이 많았고 김남일은 주로 할머니의 보살핌을 받으며 자랐다. 그래서 더욱 그에게는 할머니가 애틋할 수밖에 없다. 할머니한테 직접 새옷이며 신발을 사다드리는 남일이, 할머니에겐 귀여운 막내 손주다.

어느 날 할머니는 남일에게 말했다.

"근데 테레비로 너 경기하는 걸 봐도, 이 할미는 눈이 어두워서 도무지 네가 어디서 뛰는지 알아볼 수가 없구나."

그 말을 들은 김남일은 미용실에 가서 자신의 까만 머리를 샛노랗게 염색하고 돌아왔다.

그리고 할머니에게 말했다.

"앞으로는 머리 노란 게 바로 나니까, 노란 머리만 찾으세요."

월/드/컵/장/외/리/그 제3장

아는 만큼 보이는 축구

1. FIFA란

1) FIFA (Fédération Internationale de Football Association)

국제축구연맹의 약칭이다.

세계 축구 경기를 총괄하는 국제 단체로 4년마다 세계선수권대회인 '월드컵'을 주관한다. 1904년에 설립된 FIFA는 경기 추진, 경기 규칙의 준수, 각국 협회간의 우호 증진을 그 목적으로 한다. 2002년 현재 204개국이 가입되어 있으며, 본부는 스위스 취리히에 두고 있는데 한국은 1947년에 가입하였고 2002년 6월 FIFA 월드컵 대회를 일본과 공동으로 개최하였다.

2) FIFA 월드컵

단일 종목으로는 세계에서 가장 큰 스포츠 행사이자 제일 먼저 탄생한 세계선수권대회다. 대회는 아시아, 유럽, 오세아니아, 남미, 북중미카리브해, 아프리카 6대륙에서 지역 예선과 이 예선을 거친 국가 대표 팀이 참가하는 본선으로 이루어진다. 선수는 소속된 축구단의 국적이 아니라 자기 국적에 따라 참가하며, 아마추어와 프로에 관계없이 참가할 수 있기 때문에 세계 최고 수준의 경기가 펼쳐진다.

1930년 우루과이에서 처음 개최한 1회 대회를 시작으로 올림픽 중

간년도를 택해 4년마다 열렸는데 한국은 1954년(제5회) 스위스대회에 처음으로 참가했고 이후 1986년(제13회) 멕시코대회, 1990년(제14회) 이탈리아대회, 1994년(제15회) 미국대회, 1998년(제16회) 프랑스대회의 본선경기에 진출하여 아시아에서는 처음으로 4회 연속 본선진출에 성공했으며 2002년(제17회)대회를 한국과 일본에서 공동 개최했다.

3) FIFA 월드컵 트로피

 FIFA 월드컵 역사를 통하여 2개의 FIFA 월드컵 트로피가 있었는데, 첫 번째 트로피는 많은 우여곡절을 겪었다.

 첫 번째 트로피는 FIFA가 1930년에 제1회 FIFA 월드컵을 개최하기로 결정한 후, 우승팀에게 시상하기 위해 제작했다. 이 트로피는 준보석으로 된 받침대 위에 승리의 여신이 팔을 뻗쳐 팔각형 컵을 받들고 있는 높이 30cm의 순금의 조각품이었다. 이 트로피는 FIFA 월드컵의 창시자인 줄리메(Jules Rimet) 회장을 기리어 줄리메컵으로 불렸는데 우승팀은 다음 대회(4년 후)까지 트로피를 보유하게 되고 다시 트로피를 쟁탈하는 형식을 취하였다. 그러나 트로피는 3회 우승한 나라가 영구히 보유한다는 규약에 의해서 1958, 1962, 1970년 3회를 우승한 브라질이 영원히 차지하게 되었다.

 이 트로피는 제2차대전 중 침략군을 피해 이태리의 한 가옥의 침대 밑에 숨겨지기도 했으며 1966년 영국에서 열린 월드컵대회 직전에는 일반에게 전시되던 중 도난당하기도 했다. 영국경시청이 이 트로피를 찾아 나섰지만 실패했다. 결국 이 트로피는 '픽클즈'라 불리는 잡종견 한 마리가 교외의 쓰레기통에서 찾아냈다.

트로피의 수난은 거기서 끝난 것이 아니었다. 1983년 브라질에서 다시 도둑을 맞게 되는데, 이번에는 도둑들이 녹여 없앤 것으로 추정된다. 브라질축구협회는 복제품을 만들어 대신 보관하고 있다.

두 번째의 FIFA 월드컵 트로피는 FIFA가 53개나 되는 디자인 중에서 선정하여 1974년 FIFA 월드컵에 내놓은 것이다. 18캐러트 순금으로 제작한 것으로, 2명의 선수가 감격적인 우승의 순간을 역동적으로 표현하고 있는 것이다. 현재의 이 트로피는 높이가 36cm, 무게가 4,970g이며, 영구적으로 FIFA의 소유물이고 우승팀에게는 도금한 복제품을 수여하고 있다.

4) FIFA 랭킹이란

1993년 8월에 국제축구연맹(FIFA)이 도입한 FIFA랭킹은 각국 대표팀의 축구 실력을 가늠하는 객관적인 지표라고 할 수 있다. 정식 명칭은 'FIFA/코카콜라 세계랭킹'.

FIFA랭킹은 FIFA 회원국간의 A매치 결과로 산정된 점수에 따라 매달 발표되는데, 단순히 승패나 무승부로 일률적인 점수가 부여되는 것이 아니라 상대팀의 수준과 홈 경기 여부, 경기 자체의 비중 등을 복합적으로 반영하기 때문에 산출법이 매우 복잡하다. 산정과정에는 여러 가지 기준들이 적용된다. 가장 중요한 산정기준은 월드컵 본선 성적이다. 다음은 월드컵 지역예선 그 다음으로는 대륙간 챔피

언십 대회 본선과 예선경기 결과, 컨페더레이션컵 경기들 및 국가대표팀들간 친선 A매치 성적 등의 순으로 반영된다.

A매치 한 경기를 치르면 승패에 따라 최저 10점, 최고 30점의 점수가 주어진다. 여기에 득·실점에 따른 가감이 있다. 득점에 따른 가점이 실점으로 인한 감점보다 크다. 원정 팀엔 핸디캡 보완 차원에서 3점을 준다.

이와 함께 대회의 중요도와 대륙별 실력차에 따라 가중치가 적용된다. 친선 평가전을 기준으로 월드컵 지역예선에는 1.5배, 월드컵 본선에는 2배의 가중치를 부여한다.

또 유럽이나 남미 팀을 상대로 얻은 점수가 1이라면 아시아, 아프리카 팀을 상대로 얻은 점수는 각각 0.9와 0.84로 환산한다. 유럽에도 약팀이 있고 아프리카에도 강팀이 있는 법. 그래서 대륙별 가중치는 해당 대륙의 상위 25%에 드는 팀일 경우에만 적용한다. 연간 7차례의 경기를 기준으로 이보다 많이 치른 팀에는 득실점에 가산점을 준다. 또 최근 8년간의 성적을 가중치를 달리해 반영하여 '반짝' 상위 팀의 출현을 막는다.

FIFA는 경기 결과에 따른 점수에 대회별 가중치(월드컵본선 1.5, 대륙별 챔피언십 1.25, 친선경기 1)와 대륙별 가중치(유럽 남미 1, 아프리카 0.95, 아시아 0.9)를 가산해 점수를 산출한다. 많은 경기를 치렀을 경우 상위 성적 위주로 점수에 반영하고 과거 7년간의 성적 가운데 최근 결과에 높은 가중치를 부여해 최종 점수를 산출한 뒤 순위를 결정한다. 한 마디로 실력 좋은 대륙(유럽,남미)의 강팀과 원정 경기를 가져 많은 점수차로 이기면 순위가 껑충 뛰게 된다.

2002 한일월드컵에서 유럽 강호들을 잇따라 격파하는 이변을 일

으겼던 한국은 월드컵이전 40위였으나 18계단 수직 상승하여 2002년 7월 현재 22위에 랭크되었다.

2. 축구 경기 규칙

Worldcup Humor

1) 경기자의 수

경기는 각각 11명이 넘지 않게 편성된 두 팀에 의해서 행하며 팀 중의 한명은 골키퍼다. 어느 한 팀이라도 7명보다 적을 때에는 경기를 개시할 수 없으며, 경기 개시 전에 교체를 위한 대기 선수의 명단을 주심에게 제출해야 한다. 교체 대기 선수 명단에 기재되지 않은 선수는 경기에 참여할 수 없다. FIFA, 대륙 연맹, 국가 협회 등에서 주관하는 공식 경기에서는 경기 중 최대 3명까지 교체할 수 있다.

2) 경기 시간

경기는 주심과 참가한 두 팀이 상호 동의했을 때를 제외하고 전후반 45분씩 동등한 시간으로 계속된다.

경기 시간 변경에 대한 동의는 반드시 경기 개시 전에 대회 규정에 의하여 승인되어야 한다. (예 : 조명이 불충분한 이유로 전 후반을 각각 40분으로 제한) 선수는 하프 타임 때 휴식을 취할 권리가 있으며 하프 타임 휴식은 15분을 초과해서는 안된다.

대회 규정에 하프 타임의 휴식 시간을 반드시 규정하여야 한다. 하프 타임의 휴식 시간은 주심의 동의하에서만 변경될 수 있다.

전 후반을 통하여 선수교체, 선수의 부상정도 확인, 부상 선수의 치료를 위한 경기장에서의 후송, 시간 낭비, 기타 다른 이유로 허비된 시간을 참작하는 것은 주심의 재량으로 경기 시간에 참작된다.

연장전은 대회 규정에 명시되어 있다면 전후반 똑같은 시간을 경기한다.

3) 경기 개시

토스에서 이긴 팀이 전반전에 공격할 진영을 결정하고 상대팀은 경기 시작 때에 킥오프를 한다.

토스에서 이긴 팀은 후반전 경기 시작 때에 킥오프를 하고 양 팀은 후반전에 진영을 바꾸어 공격한다. 킥오프란 경기를 개시하거나 재개하는 방법이다. 킥오프는 경기 시작 때, 득점이 이루어진 후, 후반전 경기 시작 때, 연장전을 할 경우 연장전 경기의 전후반 시작 때 행해진다.

경기 시작 전 모든 선수들은 자신의 진영에 위치한다. 킥오프를 하는 상대 팀은 인플레이될 때까지 볼에서 최소한 9.15m(10야드) 떨어진 곳에 위치한다. 이 때 볼은 센터마크에 정지된 상태여야 한다. 주심이 신호를 하고 킥한 볼이 앞쪽으로 움직이면 인플레이다. 키커는 다른 선수가 터치할 때까지 볼을 재차 터치하지 못한다. 득점이 이루어진 후에는 다른 팀이 킥오프를 하게 된다.

4) 경기장의 장비

경기자는 자신이나 다른 경기자에게 위험스러운 장비나 물건을 착용하거나 사용해서는 안 된다. 여기에는 보석류도 포함된다. 경기자의 기본 장비는 상의, 하의(보온 바지를 착용할 경우는 하의의 기본 색상과 같아야 한다), 양말, 정강이 보호대, 신발로 이루어진다.

정강이 보호대는 양말로 완전히 덮인 상태여야 하고, 적절한 재료로 만든 것(고무, 플라스틱) 이어야 하며, 보호의 정도에 무리가 없는 장비여야 한다.

각 골키퍼는 다른 경기자나 주심 또는 부심과 구별되는 색의 옷을 착용해야 한다.

5) 반칙과 불법행위

반칙과 불법행위는 다음에 따라 처벌한다..

〈직접 프리킥〉
주심의 견해로 선수가 무모하거나 과도한 힘을 사용하여 다음의 6개 반칙 중 어느 것을 범했을 경우, 상대팀에게 직접 프리킥을 부여한다. 직접 프리킥은 반칙이 발생한 지점에서 행한다.

1. 상대를 차거나 차려고 했을 때.

2. 상대를 걸었거나 걸어 넘어뜨리려고 했을 때.
3. 상대에게 뛰어 덤벼들었을 때.
4. 상대를 차지(charges)했을 때.
5. 상대를 때리거나 때리려고 했을 때.
6. 상대를 밀었을 때.

또한 선수가 다음의 4개 반칙 중 어느 것을 범했을 때도 상대팀에게 직접 프리킥을 부여한다.

7. 볼을 소유하고자 상대에게 태클을 하였으나 볼에 터치하기 전에 상대의 신체에 먼저 접촉되는 경우.
8. 상대를 잡았을 경우.
9. 상대에게 침을 뱉었을 경우.
10. 고의적으로 볼에 손을 댔을 때
    (자신의 페널티 에어리어 내에 있는 골키퍼는 제외).

〈페널티 킥〉

인플레이 중에 볼의 위치에 관계없이 경기자가 자신의 페널티 에어리어 내에서 만일 앞의 10가지 반칙 중 한 가지를 범했다면 페널티 킥을 부여한다.

⟨간접 프리킥⟩

자신의 페널티 에어리어 내에 있는 골키퍼가 다음 5가지 반칙 중 어느 것을 범했을 경우, 상대팀에게 역시 간접 프리킥을 부여한다.

1. 손으로 볼을 다루고 있던 골키퍼가 볼을 다른 경기자에게 주기 전에 4보를 초과하여 걸었을 때.
2. 손으로 잡고 있던 볼을 방출시킨 후, 다른 경기자가 터치하기 전에 그의 손으로 볼을 다시 터치했을 때.
3. 팀 동료가 고의적으로 킥하여 준 볼을 손으로 터치했을 때.
4. 팀 동료가 행한 드로우 인을 직접 받은 후 손으로 볼을 터치했을 때.
5. 시간 낭비.

또 주심의 견해로 경기자가 다음의 반칙을 범했을 때 상대팀에게 간접 프리킥을 부여한다. 간접 프리킥은 반칙이 발생한 지점에서 행한다.

6. 위험한 태도로 플레이할 때.
7. 상대의 진행을 방해할 때.
8. 손으로 볼을 방출시키려는 골키퍼를 방해할 때.
9. 규칙에 언급되지 않은 어떤 위반이 발생하여 선수에게 경고를 주거나 퇴장시키기 위하여 경기가 잠시 중단되었을 때.

〈경고〉

다음의 반칙 중 어느 것을 범하였을 경우 옐로우 카드를 보여 경고 조치한다.

1. 반스포츠적 행위를 한 경우.
2. 말 또는 행동으로 항의한 경우.
3. 지속적으로 경기 규칙을 위반한 경우.
4. 경기 재개를 지연시킨 경우.
5. 프리킥 또는 코너킥으로 경기를 재개할 때 요구된 거리를 지키지 않을 경우.
6. 주심의 허가없이 입장 또는 재 입장한 경우.
7. 주심의 허가없이 고의적으로 경기장을 떠난 경우.

〈퇴장〉

선수가 다음의 반칙 중 어느 것을 범하였을 경우 레드 카드를 보여 퇴장 조치한다.

1. 심한 반칙 플레이를 한 경우.
2. 난폭한 행위의 경우.
3. 상대 또는 다른 사람에게 침을 뱉은 경우.
4. 고의적으로 볼을 핸들링하여 상대팀의 득점 또는 명백한 득점 기회를 저지시킨 경우(자신의 페널티 에어리어 내에 있는 골키퍼는 적용되지 않는다).
5. 상대가 골을 향하여 움직이고 있을 때 프리킥 또는 페널티 킥으로 처벌하여야 할 반칙을 하여 명백한 득점 기회를 저지시킨 경우.

6. 공격적, 모욕적 언어 또는 욕설을 한 경우.
7. 한 경기에서 두 번째 경고를 받은 경우.

〈반칙, 불법행위에 관한 국제 축구 평의회 결정 사항〉
결정 1.
- 볼이 인플레이일 때 자신의 페널티 에어리어 내에 있는 골키퍼가 상대에게 볼을 던져 때렸거나 때리려고(던진 볼이 맞지 않은 경우) 했을 때는 페널티 킥을 선언해야 한다.

결정 2.
- 경기자가 경기장의 안 또는 밖에서 상대편, 팀 동료, 주심, 부심 기타 다른 사람에게 경고성 반칙 또는 퇴장 반칙을 범하였다면 반칙의 종류에 따라 처벌한다.

결정 3.
- 골키퍼가 손 또는 팔의 어떤 부분으로든 볼을 터치했을 때 볼을 소유한 것으로 인정한다.
- 볼의 소유는 골키퍼가 한번에 잡을 수 있는 것을 고의로 회피하는 경우도 포함된다. 그러나 주심의 견해로 골키퍼가 볼을 잡으려다 부득이 리바운드된 상황은 포함되지 않는다.
- 만일 골키퍼가 그의 손 또는 팔로 볼을 5~6초를 초과하여 잡고 있으면 시간 낭비의 반칙을 범한 것으로 간주한다.

결정 4.

- 규칙에 따라 선수가 자기편의 골키퍼에게 머리나 가슴 또는 무릎을 이용하여 자기편 골키퍼에게 볼을 패스할 수 있다.
- 그렇지만 주심의 견해로 볼이 인플레이일 때 고의적으로 속임수를 써서 규칙을 역이용하려는 경기자는 반 스포츠적 행위를 한 것이다. 그에게 옐로우 카드를 보여 경고하고 위반이 발생한 지점에서 상대팀에게 간접 프리킥을 부여한다.
- 경기자가 프리킥을 할 때 고의적인 속임수를 써서 규칙을 역이용하려는 것은 반스포츠적 행위이므로 옐로우 카드를 보여 경고한다. 프리킥은 다시 한다.
- 위와 같은 상황 뒤에 골키퍼가 손으로 볼을 터치했건 하지 않았건 상관이 없다.
 이 반칙은 선수가 경기 규칙을 속이려는 의도를 가지고 죄를 범한 것이기 때문이다.

결정 5.

- 상대편의 안전을 위태롭게 하는 뒤에서의 태클은 심한 반칙 플레이로 처벌하여야 한다.

6) 코너킥

코너킥은 경기를 재개하는 방법이다. 그리고 코너킥에서 직접 득점이 된다(단, 상대팀에 대해서만). 코너킥의 판정 시점은 수비 팀이 마지막으로 터치한 볼이 규칙에 따른 득점 상황이 아닌 경우로 지면이나 공중으로 골라인을 완전히 넘어갔을 때 한다.
- 가장 가까운 코너 플랙의 아크 안에 볼이 있어야 한다.
- 인플레이될 때까지 상대편은 볼에서 9.15m 떨어진 곳에 위치한다.
- 공격 팀 경기자가 킥을 한다.
- 킥한 볼이 움직이면 인플레이다.
- 키커는 볼이 다른 경기자에 터치되기 전에 재차 터치하지 못한다.

7) 드로우 인 (throw in)

볼이 터치라인 밖으로 나갔을 때 볼에 마지막으로 터치한 자의 상대팀이 볼을 던져 경기를 재개한다. 이것을 드로우 인이라고 한다. 드로우 인에서 직접 득점은 될 수 없다.

볼을 던지는 순간에 드로우 인을 하는 경기자는 경기장을 향하고, 발이 터치 라인 위 또는 터치 라인 밖의 지면에 있어야 하며 두 손을 이용하여 머리 뒤에서 넘겨 볼을 던진다. 볼이 경기장에 들어온 즉시 인플레이가 된다.

8) 승부차기 (TK: taking kicks from the penalty mark)

공식 명칭이 아니나 약자 TK로 사용하고 있다.

페널티 마크에서 킥하기. 즉 골든골(golden goal or sudden death)로도 승부가 나지 않았을 때 승자를 결정하기 위해서 하게 되는 페널티킥 제도. 경기 종료시까지 경기장에 있던 선수들만이 승부차기를 할 수 있다.

각 팀이 한 번씩 번갈아 킥을 하며 양 팀이 각각 다섯 번의 킥을 다 하기 전에 이미 승패가 확실해졌을 때에는 남은 킥은 하지 않는다. 하지만 양 팀이 다섯 번의 킥을 했는데 승부가 나지 않았을 경우, 한 명씩 번갈아 가면서 같은 수의 킥을 하는데 한 팀이 다른 팀보다 더 많은 득점을 할 때까지 실시한다

9) 옵사이드 (off side)

공격자가 상대편 진영에서 공보다 앞에 있을 때 자기와 골키퍼를 제외한 수비 선수가 없으면 옵사이드의 위치에 있으며, 이때 후방의 자기 편으로부터 패스를 받으면 반칙이 된다.

원래 옵사이드가 발생한 지역을 말하는 것이지만 일반적으로는 옵사이드 반칙으로 알려져 있다.

옵사이드 위치에 있는 것만으로는 반칙이 아니다. 옵사이드 반칙은 경기자가 패스된 볼을 받는 순간의 위치가 아니라 볼이 패스된 순간에 있던 위치에 있을 때에 해당한다.

옵사이드 위치에 있는 경기자가 같은 팀 경기자에 의하여 볼이 터치되거나 플레이된 순간에 주심의 견해로 플레이에 적극적으로 관련되었을 때에만 처벌한다. 즉 플레이에 간섭하거나, 상대편을 방해하거나, 그 위치에 있으면서 이득을 얻을 때의 옵사이드는 반칙이며, 만일 경기자가 골킥이나 드로인, 코너킥으로 직접 볼을 받았을 때 옵사이드 위치에 있는 경우는 반칙이 아니다.

주심은 위반이 발생한 지점에서 상대팀에게 간접프리킥을 부여한다. 만약 옵사이드 반칙이 일어난 곳이 상대팀 골에어리어가 아닌 경우, 골에어리어 어느 지점에서도 프리킥을 할 수 있다.

선심들이 각 팀의 최전방 공격수를 따라 자신들의 위치를 변경하면서 주심에게 옵사이드 반칙을 알리는데, 오판율이 20% 정도라고 알려진 이 판정은 종종 논란의 대상이 되기도 한다.

3. 축구 용어

1. 골에어리어(goal area)

골 옆과 앞으로 5.5m씩 그려서 이어진 구역으로 골킥을 할 때 이 곳에다 볼을 놓고 찬다. 이 지역에서 골키퍼에 대한 차지는 골키퍼가 볼을 잡고 양 발을 땅에 딛고 있을 때만 허용된다.

2. 골라인(goal line)

경기장의 경계선이며 골포스트가 서 있는 쪽의 라인이다. 그리고 이것과 교차하는 것이 터치라인이다.

3. 골킥(goal kick)

볼이 골에 들어가지 않고 골라인에서 나갔을 때 볼에 마지막으로 접촉한 자가 공격측이라면 수비측이 골킥을 한다. 이때 골에어리어 안에서는 어느 곳에서나 차도 되는데, 찬 볼은 반드시 페널티에어리어 바깥으로 나가야만 인플레이가 된다.

4. 노마크 찬스(no mark chance)

상대 선수의 방해를 받지 않고 단독으로 득점 기회를 맞는 것.

5. 논스톱 패스(non stop pass)

패스되어 온 볼을 정지키시지 않고 그대로 동료에게 건네주는 패스.

6. 다이렉트 패스(direct free pass)

볼터치를 한 번으로 제한한 패스법. 만약 볼을 정지키켰다가 찰 때는 다이렉트 패스가 아니다.

7. 다이빙 캐칭(diving catching)

골키퍼의 기술 중 하나로 슈팅한 볼을 뛰어서 잡는 것.

8. 더블 스트라이커(double striker)

최전방에 두 명의 공격수를 배치해서 득점을 노리는 공격전법이다. 투톱시스템(two top system)

9. 더블킥(double kick)

오버헤드킥 등을 할 때 차지 않는 발을 공중으로 흔들어 올렸다가 내리는 반동을 이용해 차는 발을 흔들어 올려 차는 킥을 말한다. 시저스킥 또는 바이시클킥이라고도 한다.

10. 드리블(dribble)

볼을 자신의 플레이 범위 안에서 컨트롤하며 발로 몰고 나가는 기술.

11. 러닝 패스(running pass)

뛰면서 패스하는 것으로 이때는 자기 편의 속도와 방향에 맞춰 패스하는 것이 중요하다.

12. 레퍼리(referee)

주심. 축구 경기에서 심판은 주심 1명과 부심 2명, 대기심판이 있다. 2명의 부심은 주심을 도와줄 뿐 판정에 대한 권한은 없으며, 경기의 모든 판정의 권한은 오직 주심에게만 있다.

13. 리베로(libero)

자유인이란 뜻을 가진 이 용어는 포지션에 구애받지 않는다는 의미다. 최종 수비수 역할을 하면서 동시에 공격에도 적극 가담하는 선수를 가리키는 말.

14. 마크(mark)

상대자에게 접근하여 플레이를 자유롭게 할 수 없도록 방해하는 행위. 대인마크와 지역마크가 있다.

15. 맨투맨 디펜스(man to man defence)

주로 3-5-2 시스템에서 쓰는 대인방어. 선수들 개개인이 자기가 전담할 상대를 한 사람씩 맡아 마크하는 기본적인 수비전법.

16. 바운드 패스(bound pass)

볼을 땅 위로 튕겨서 보내는 패스.

17. 발리킥(volley kick)

날아오는 볼을 땅에 떨어뜨리지 않고 공중에서 차는 킥의 방법.

18. 백 패스(back pass)

공격을 보다 효과적으로 전개하기 위하여 후방에 있는 자기 편에게 보내는 패스.

19. 볼 컨트롤(ball control)

상대방에게 볼을 빼앗기지 않도록 잡아서 자기 편에게 넘겨주는 기술로, 볼을 마음대로 다루는 기술을 말한다.

20. 볼 키핑(ball keeping)

볼을 상대에게 빼앗기지 않고 개인 기술을 발휘하면서 볼을 계속 소유하는 기술.

21. 블로킹(blocking)

상대 경기자를 방해하는 일. 볼에 대한 의도없이 방해하면 반칙으로 처벌받는다.

22. 서든데스(sudden death)

전후반 90분 경기에서 승부를 가리지 못하고 연장전에 들어간 경우 선취골을 터뜨리는 팀이 그 순간 승리를 차지하며 게임이 종료되는 제도.

23. 세트 플레이(set play)

경기 중 코너킥이나 프리킥 등을 얻었을 때 공격수들이 골을 넣기 위해 작전을 구사하는 플레이.

24. 센터라인(center line)

경기장의 중앙선. 두 터치라인을 연결하여 경기장을 2등분하는 선이며 양 팀 전체의 경계선이 된다. 하프웨이라인(half way line)이라고도 한다.

25. 센터링(centering)

공격 팀이 터치라인 가까이 등에서부터 골 정면으로 볼을 보내 득점을 노리는 패스를 말한다.

26. 센터 서클(center circle)

하프 웨이 라인(half way line) 중앙을 중심으로 그려진 반지름 9.15m의 원이며 킥오프를 할 때 볼을 중심점에 놓는다

27. 스트라이커(striker)

공격진 중앙에 위치하여 직접 득점하거나 동료에게 득점 기회를 만들어 주는 공격의 핵심 선수를 말한다.

28. 아웃프론트킥(out front kick)

볼을 발등 바깥 쪽에 대고 차는 킥킹법. 볼의 코스에 커브를 넣을 수 있다.

29. 어드밴티지 룰(advantage rule)

반칙을 범한 수비 팀에게 벌칙을 부여하는 것이 오히려 공격 팀에게 불이익을 준다고 판단되었을 경우 그 공격 그대로 게임을 속행시키는 규칙으로, 게임 전체의 진행 상황을 현명하게 판단해야 하는 정확한 판단력을 요구하는 룰이다.

30. A매치(A match)

성인 국가대표팀 간의 경기를 일컫는다. 최고(A 등급) 선수를 뽑아 구성한 국가대표팀이 경기하는 게임으로 FIFA가 공식적으로 인정하는 게임을 말한다.

31. 오버래핑(over Rapping)

공격의 수를 강화하기 위해 후방에 있던 선수가 좀 더 전방쪽으로 나와서 공격에 가담해 공격수를 늘리는 기술이다. 그러나 공격에 실패할 경우 역습을 당하기 쉽다는 단점도 있다.

32. 오버헤드킥(overhead kick)

상반신을 뒤로 넘어뜨리면서 자기의 머리 위로 공중의 볼을 뒤로 차 보내는 킥킹의 한 방법.

33. 인사이드 킥(inside kick)

발 안쪽을 이용해 볼을 차는 킥킹의 방법으로서 정확한 것이 그 특징이다.

34. 인저리 타임(injury time)

경기중 사고나 경기자의 부상으로 허비되는 시간을 말하며 주심의 판단으로 그 시간만큼 경기시간이 연장된다.

35. 인터셉트 (intercept)

상대팀의 패스에 대한 코스를 미리 간파하고 대시(dash)해서 그 볼을 빼앗는 일이다.

36. 인 프론트킥(in front kick)

발등의 안쪽에 볼을 대고 차는 킥이다.

37. 인플레이(in play)

경기진행 중이라는 뜻.

38. 차지(charge)

상대 경기자의 어깨를 자기 어깨로 밀어서 상대의 자세를 무너뜨리는 일이다. 볼이 플레이 될 수 있는 범위 (대략 1m) 내에서만 허용된다.

39. 촙킥(chop kick)

인 프런트를 사용하여 볼 밑으로 엄지발가락을 끼워 넣어 볼을 뜨게 만드는 것.

40. 칩킥(chip kick)

공을 상대방의 머리 위로 차 넘겨 자기 편에게 보내주는 킥.

41. 커버링(covering)

자기편 경기자가 상대 공격수를 막는데 실패했을 때 그 후방을 막는 활동. 단순히 '커버' 한다고 말하는 수가 많다.

42. 컨트롤(control)

볼이나 자기의 몸을 자신이 뜻하는 대로 움직이거나 처리하는 일.

43. 쿠퍼테스트(cooper test for referee)

시즌을 앞두고 각 국가협회에서 경기에 배정할 심판들에게 실시하는 체력테스트. 50m를 7.5초 이내에 뛴 후, 약간의 휴식기를 거쳐 200m를 32초 안에 주파해야 한다. 그리고 다시 50m, 200m를 같은 시간대 안에 통과해야 한다. 이렇게 단거리 인터벌을 마치고 가장 힘든 코스인 700m를 12분 안에 주파해야 합격할 수 있다.

44. 크로스 패스(cross pass)

반대쪽 터치라인 방향으로 보내는 긴 패스를 말한다. 공격할 때 상대 수비수가 허술한 방향에서 공격할 수 있게 하는 효과적인 방법이다.

45. 클리어링(clearing)

수비측의 경기자가 골 앞 위험한 구역에서 볼을 세게 차내서 상대팀의 공격을 극복하는 것. 단순히 '클리어'라고도 한다.

46. 키커(kicker)

볼을 차는 경기자. 프리킥이나 코너킥 등에서 볼을 차는 경기자를 말한다.

47. 킥오프(kick off)

경기 개시나 후반전 개시 또는 득점 후의 경기재개는 킥오프로부터 시작된다. 경기장의 중앙 센터 스포트(center spot)에 놓은 볼을 상대 진영으로 차는 것.

48. 킥킹(kicking)

볼을 차는 기술이며 아웃프론트킥, 인사이드킥, 오버헤드킥 등 여러 가지가 있다.

49. 태클(tackle)

상대의 볼을 빼앗기 위해 볼에 직접 뛰어드는 것을 말한다.

50. 터치라인(touch line)

경기장의 경계선으로 긴 쪽 두 변의 선을 말한다. 볼이 만약 이 선으로부터 나가면 드로우 인으로 경기를 재개한다. 사이드라인(side line)과 같은 뜻.

51. 터치아웃(touch out)

볼이 터치라인 밖으로 나가는 것을 말하며 이 때는 드로우 인으로 경기를 다시 시작한다.

52. 토스(toss)

경기 개시에 앞서 주심은 양 팀 주장 앞에서 코인(coin)을 던져 땅에 떨어질 때의 앞뒤를 맞추게 한다. 그리고 이 토스에서 이긴 팀은 킥오프나 사이드 중 어느 쪽을 선택하게 한다. 만약 이긴 팀이 사이드를 선택하게 되면 진 팀은 킥오프를 하게 되고 이긴 팀이 킥오프를 선택하면 진 팀은 사이드를 먼저 정하게 된다.

53. 트래핑(trapping)

볼이 닿는 순간에 몸의 일부분을 이용해서 완전히 자기 것으로 만드는 기술. 원래의 뜻은 함정에 넣는다는 뜻.

54. 트리핑(tripping) 반칙

상대의 발을 걸어 넘어뜨리거나 상대의 앞이나 뒤에서 몸을 움츠리고 상대를 넘어뜨리거나 넘어뜨리려고 할 때의 반칙행위. 이때는 직접프리킥의 처벌을 받는다.

55. 파울(foul)

경기 중에 발생한 반칙.

56. 패스(pass)

자기 편끼리 볼을 정확하게 넘겨주고 받는 기술이며 극단적으로 말해서 축구는 패스가 생명이라고 할 수 있다.

57. 펀칭(punching)

골키퍼가 페널티 에어리어 내에서 날아오는 공을 한 손이나 양손 주먹으로 쳐내는 기술.

58. 페널티(penalty)

벌, 벌칙.

59. 페널티 킥(penalty kick)

자기 진영의 페널티 에어리어 지역에서 자기 편이 직접프리킥에 해당되는 처벌을 받았을 때 상대편에게 주는 킥. 페널티 킥은 페널티 마크에서 행해진다. 페널티 킥으로 직접 득점할 수 있다. 페널티 킥이 행해질 때에는 경기자 및 수비측 골키퍼 외에는 페널티 에어리어 내에 들어갈 수 없다. 수비측 골키퍼는 페널티 킥을 하는 경기자가 볼을 찰 때까지 양쪽 골 포스트 사이의 골라인상에 발을 움직이지 않고 서 있어야 한다. 킥한 볼이 앞쪽으로 움직이면 인플레이다.

60. 페널티 아크(penalty arc or arc circle)

페널티마크를 중심으로 9.15m 떨어진 곳을 표시하는 선. 아크서클이라고도 한다. 그러나 이는 단지 페널티킥을 할 때만 사용한다.

61. 페인트(faint)

상대편 경기자가 판단을 잘못하게 하려는 속임수의 동작이며 킥하는 체 하다가 드리블로 상대를 피하는 등의 여러 가지 방법이 있다

62. 포지션(position)

각 경기자들이 그들이 맡는 구성에 따라 차지하는 위치다. 실전에서는 위치가 자주 바뀌게 된다.

63. 푸싱(pushing)

손이나 팔로 상대를 밀어대는 반칙. 이때는 직접프리킥의 처벌을 받는다. 그러므로 차징할 때 팔꿈치를 몸에 붙이지 않으면 푸싱이 되기 쉽다

64. 프리킥(free kick)

반칙한 팀에게 주는 벌칙. 상대편이 반칙을 범한 지점에 볼을 놓고 찬다. 직접과 간접프리킥에 해당하는 두 가지 벌칙이 있다

- 직접프리킥(direct free kick)

선수가 상대를 (1) 발로 차거나 (2) 손으로 때리거나 (3) 손이나 발로 밀거나 (4) 손으로 잡거나 (5) 발로 걸어 넘어뜨리거나 (6) 위험하게 차징하거나 (7) 방해하지 않는 상대를 뒤로부터 차징하거나 (8) 상대에게 뛰어들거나 (9) 상대에게 침을 뱉거나 (10) 볼을 손 또는 팔로서 조정했을 때, 상대팀에게 차게 하는 프리킥의 일종. 직접 상대 골문로 차 넣어도 득점으로 인정된다.

- 간접프리킥(indirect free kick)

한 팀이 반칙을 범했을 때 그에 대한 벌로서 상대팀에게 주는 프리킥의 일종이며 차는 사람외의 다른 선수에게 볼이 접촉되지 않으면 골인되어도 득점이 되지 않는다.

65. 플레이메이커(play maker)

공격의 선도적인 역할을 담당하는 선수.

66. 피파 센트리 클럽(FIFA CENTRY CLUB)

국가대표팀간 경기(A매치)에 100회 이상 출전한 선수만이 가입할 수 있는 권위있는 클럽이며 한국인으로는 차범근, 최순호, 홍명보, 황선홍, 유상철 선수가 가입했다.

67. 하프타임(half time)

경기의 전반전과 후반전 사이에 두는 휴식시간으로서 경기자는 하프타임 동안 휴식할 권리가 있다.

68. 해트트릭(hat trick)

원래는 크리킷 경기에서 유래한 용어다. 금세기 처음 영국에서 3명의 타자를 연속으로 아웃 시킨 투수를 칭찬하는 뜻에서 소속 클럽이 선수에게 새 모자(hat)를 증정한 것이 시초가 되었다. 축구에서 해트트릭은 한 선수가 한 경기에서 세 골을 득점한 경우를 뜻한다.

69. 핸들링(handling)

선수가 손을 사용하여 볼을 잡거나 쳐서 볼의 방향을 바꿔놓는 반칙 행위. 이때는 직접프리킥으로 처벌받는다.

70. 헤딩(heading)

날아오는 볼을 머리로 때려 보내는 것. 축구 경기에서만 볼 수 있는 독특한 기술이다.

71. 홀딩(holding)

팔로 상대를 잡거나 동작을 막았을 때의 반칙이며 이때는 직접프리킥으로 처벌받는다.

72. 힐킥(hill kick)

볼을 발 뒤꿈치로 차거나 머리너머 앞으로 패스하는 킥의 방법.

73. 휘슬(whistle)

주심이 경기를 킥오프시키거나 중지시키기 위해서 부는 호각.

4. 포지션별 용어

1) 공격수 : 포워드(FW: Forward)

1. 스트라이커(stricker) → 최전방 공격수를 말한다. 골게터.
2. 날개 : 윙(wing) → 최전방 공격수를 보조하며 양쪽 사이드 라인에서 공격을 풀어가는 선수를 말한다.

2) 미드필더(MF: Mid Fieldder)

1. 플레이 메이커 (play maker) → 팀 전체를 조율하며 공격수들에게 공격찬스를 만들어 준다. 이 용어는 포지션이라기보다는 팀에서 주축이 되어 게임을 풀어가는 선수를 말하는데 대개 공격을 풀어가는 공격형 미드필더를 말한다
2. 윙백 (wing back) → 양 사이드에서 팀이 공격할 땐 사이드 쪽으로 오버래핑을 해주고 팀이 수비를 할 땐 스토퍼를 보조해 준다.
3. 수비형 미드필더 → 볼이 수비에게 가기 전에 중도 차단 역할을 한다. 체력소모가 큰 위치다.

3) 수비수 : 디펜더(DF: Defender)

1. 스위퍼 (Swipper) → 최전방 수비수로 골키퍼를 보조해준다. 수비 중앙에서 중앙 공격을 차단하는 제2의 골키퍼라고 할 수 있다.
2. 스토퍼 (Stopper) → 상대방 공격수들이 측면 돌파를 시도할 때 양 사이드를 수비한다. 뚫릴 경우 실점할 위험이 가장 크다.

4) 골키퍼(GK: Goal Keeper)

골키퍼는 페널티 에어리어 밖에서는 손으로 공을 잡을 수도 건드릴 수도 없다. 또한 페널티 에어리어 안에서라도 수비수가 페널티 에어리어 안쪽에서 차준 볼을 손으로 잡을 수 없으며 잡을 경우 상대방에게 간접 프리킥을 허용한다. 대신에 헤딩패스는 손으로 잡을 수 있다.

5. 기록으로 보는 월드컵 이야기

1) 득점에 관한 기록

월드컵 1회 대회인 우루과이 월드컵의 최다득점 선수는 아르헨티나의 길레르모 스타빌레다.

이 선수는 당시 18세의 고등학생으로 아르헨티나의 두 번째 경기였던 멕시코전에 처음 출전해 3골을 넣음으로써 월드컵 해트트릭 1호라는 명예도 얻게 되었다. 그가 이 경기에 기용된 것도 우연이었다. 대학생이던 같은 팀 주전 공격수가 학기말 시험을 보기 위해 고국으로 돌아가 그 자리를 임시로 맡은 것이기 때문이다. 결국 스타빌레는 결승전까지 계속 주전으로 뛰었으며 팀은 준우승에 그쳤지만 8골을 넣어 대회 최다득점 선수가 되었다.

월드컵의 최연소 득점 선수는 1958년 스웨덴 월드컵에 참가한 펠레다. 17세의 나이로 웨일즈전에 출전해 결승골을 넣으며 최연소 득점 선수가 되었는데 이 대회에서 펠레는 모두 6골을 기록했다. 그는 이 대회를 시작으로 1962년 칠레, 1970년 멕시코 대회에 출전해 대회 우승컵을 3번이나 거머쥐고 축구 황제라는 칭호를 얻기에 이른다. 월드컵 본선에서 모두 12골을 넣은 그는 축구 선수로 총 1,365경기에 출전해 1,283골을 득점한 위업을 남기며 20세기 최고의 축구인으로 남는다.

월드컵 한 경기에서 무려 7명이 득점한 기록도 있다. 1974년 서독 월드컵에서 자이르를 만난 유고슬라비아는 9-0으로 승리하며 7명이 골고루 득점하는 기록을 낳았다.

〈월드컵 본선 최다골 승패〉

1982년 스페인 월드컵: 헝가리 10-1 엘살바도르
1954년 스웨덴 월드컵: 헝가리 9-0 한국
1974년 서독 월드컵: 유고슬라비아 9-0 자이르
1938년 프랑스 월드컵: 스웨덴 8-0 쿠바
1950년 브라질 월드컵: 우루과이 8-0 볼리비아
2002년 한일 월드컵: 독일 8-0 사우디아라비아

〈최단시간골〉

11초: 하칸슈쿠르(터키). 2002년 한일 월드컵 대회. 터키 3-2 한국
15초: 마세크(체코). 1962년 칠레 월드컵 대회. 멕시코 3-1 체코
23초: 박승진(북한). 1966년 잉글랜드 대회. 포르투갈 5-3 북한

* 월드컵 예선 최단시간 골은 1993년 유럽 2조 잉글랜드와 산 마리노 경기. 이 경기에서 산 마리노의 다비데 구알티에리가 9초 만에 득점했다. 그러나 산 마리노의 최단시간 선취골에도 불구하고 잉글랜드에 7-1로 패했다.

〈역대 골든슈 수상자〉

1982년 6골: 파올로로시(이탈리아)
1986년 6골: 마라도나(아르헨티나), 리네커(잉글랜드)
1990년 6골: 스킬라치(이탈리아), 스킬라치(이탈리아)
1994년 6골: 호마리오(브라질), 살렌코(러시아), 스토이치코프(불가리아)
1998년 6골: 호나우도(브라질), 수케르(크로아티아)
2002년 8골: 호나우도(브라질)

〈자책골〉

-월드컵 1호 자책골: 파라과이의 곤잘레스. 1930년 우루과이 대회 미국전.
-최단시간 자책골: 불가리아의 부초프. 1966년 잉글랜드 대회 포르투갈과의 경기, 전반 5분
-자책골 최다 대회: 1954년 스위스 대회, 1998년 프랑스 대회 각각 4골.
-자책골과 만회골 선수: 네덜란드의 에르니에 브란츠. 1978년 아르헨티나 대회 2회전 이탈리아와의 경기에서 전반 18분에 차낸 공이 자책골(이때 입은 부상으로 동료 골키퍼 슈리즈베르스도 경기장 밖으로 들려나갔다)이 되었으나, 후반 5분 프리킥을 동점골로 연결하여 네덜란드를 2-1 승리로 이끔.
-피살 부른 자책골: 콜롬비아의 에스코바르. 1994년 미국 대회에서

미국에 2-1패. 자책골 때문에 귀국 후 12발의 총탄을 맞고 피살.

2) 퇴장에 관한 기록

　퇴장에 관해서는 재미있는 기록들이 많다.
　월드컵 역사상 가장 빨리 퇴장당한 선수는 아르헨티나의 호세 바티스타라는 선수다. 1986년 멕시코 월드컵 16강전이었던 아르헨티나와 우루과이 경기에서 그는 경기 52초 만에 난폭한 반칙 행위로 퇴장당해야 했다.
　하지만 이보다 더한 경우도 있다. 월드컵 경기는 아니지만 0초 만에 퇴장당한 불운의 선수도 있기 때문이다. 이 경기는 잉글랜드 프로축구 3부 리그에서 있었던 일인데, 스완시 클럽의 공격수 보이드는 경기 종료 7분을 남기고 교체 투입되자마자 상대 팀 선수를 팔꿈치로 찍는 바람에 그라운드에 들어서는 순간 퇴장당하는 어이없는 사건을 만들어냈다.
　월드컵 결승전도 주심의 레드 카드를 피해갈 수는 없다.
　1990년 이탈리아 대회 결승에 오른 팀은 서독과 아르헨티나였다. 아르헨티나의 몬존은 교체 선수로 뛰다가 후반 18분 상대 선수를 발로 차 월드컵 결승전에서 퇴장당한 최초의 선수가 됐다. 이 경기에서는 후반 41분 데조티마저 거친 경기를 하다가 퇴장당하는 바람에 아르헨티나는 결승전에서 두 명이나 퇴장당한 유일한 국가가 되었다. 그러나 퇴장 선수가 두 명이나 된다고 해서 꼭 지라는 법은 없다. 같은 대회 개막전으로 벌어진 카메룬과 아르헨티나의 경기에서 카메룬은 후반에 두 명이 퇴장당하고도 아르헨티나를 1-0으로 물리치고 승리했다.

최단시간 퇴장: 52초. 1986년 멕시코 대회. 아르헨티나의 호세 아르바티스타
레드 카드에 의한 퇴장 1호: 1974년 서독 대회. 칠레의 카를로스 카스젤리.
퇴장 없는 대회: 1950년 브라질 대회, 70년 멕시코대회.
퇴장 많이 시킨 주심: 멕시코의 카터 아루투로 브리지오. 6경기에서 총 7명을 퇴장시킴.
골키퍼 퇴장 1호: 1970년 멕시코 대회. 루마니아의 골키퍼 라두카 누르크.
최연소 퇴장: 1994년 미국 대회. 브라질과의 경기에서 카메룬의 18세 선수 리고베르트 송 바낙.
최다 퇴장: 1954년 스위스 대회 8강전. 헝가리 1명, 브라질 2명. 4-2로 헝가리 승리.

3) 심판에 관한 일화들

〈심판의 등장〉

1845년 영국의 이튼에서 축구 경기에 심판이 처음 등장했다. 그러나 '심판(Referee)'가 아니라 '엄파이어(Umpire)로서 경기장 밖에서

조정 역할만을 했다. 축구는 신사들의 경기였고 문제를 자율적으로 해결했으며 지역이나 학교마다 그 규칙도 달랐다. 스스로 규칙을 적용하고 문제를 해결했지만 의견이 일치되지 않을 때는 엄파이어가 제삼자의 입장에서 판정을 내렸다.

1848년 이튼에 있는 공립학교들을 대표하는 14명이 '케임브리지 규칙(Cambridge Rules)'으로 알려진 축구 규칙을 처음으로 통합, 정리했다. 이때도 심판에 관해서는 별도의 규정이 없었다. 1874년에 와서야 영국축구협회(FA)가 심판에 관해 거론했다.

1891년 드디어 프로 리그에서 엄파이어를 없애고 경기장 안에 1명의 레퍼리와 밖에 2명의 선심(Linesman)을 채용했다. 지금은 라인즈맨(선심)을 부심(Assistant Referee)으로 개칭했다.

주심의 휘슬은 1878년 잉글랜드 노팅엄 포리스트 경기장에서 처음으로 사용되었다. 축구 심판의 유니폼도 전통적으로 검은색이었으나 1994년 미국 월드컵 때 다양한 색의 심판복이 선을 보였고, 1998년 프랑스 월드컵부터 다양한 심판복이 공식화됐다.

〈일찍 분 종료 휘슬〉

브라질의 알메이다 레고는 1930년 우루과이 대회 아르헨티나-프랑스 경기(1:0)에서 후반 6분을 남겨놓고 종료 휘슬을 불어 아르헨티나가 승리하는 데 간접적인 도움을 주었다.

휘슬을 부는 순간 프랑스의 랑귀에르가 득점이 가능한 공격을 하고 있었다. 혼란 뒤에 경기가 재개됐으나 기회는 프랑스에 다시 오지 않았다.

〈도둑맞은 프리킥〉

1970년 멕시코 대회 1조 멕시코와 엘살바도르 경기.
엘살바도르의 프리킥을 멕시코 선수가 몰래 차 득점까지 했다. 주심인 영국의 테일러는 이를 그대로 인정했다. 멕시코가 4-0으로 승리했다.

〈일방적인 경기 시작〉

1970년 멕시코 대회 4조 서독과 모로코 경기. 주심인 네덜란드의 반 라벤스는 모로코 선수들 중 몇 명이 경기장에 들어서기도 전에 후반 시작 휘슬을 불어 골키퍼 카소우가 허둥지둥 달려가기도.

4) 선수에 관한 일화들

〈최연소 출전 선수〉

월드컵 사상 가장 어린 나이로 출전한 선수는 북아일랜드의 노만 화이트사이드이다. 그는 1982년 스페인 대회에 17세 42일의 나이로 참가했으며 이 대회에서 5경기에 출전했으나 골은 넣지 못했다.

〈축구 황제 펠레〉

축구의 황제 펠레. 월드컵을 3번이나 거머쥐었던 유일한 선수다. 그가 월드컵 첫 경기에 출전한 것은 1958년 스웨덴 대회. 17세 6개월의 어린 나이로 데뷔해 6골로 월드컵 첫 우승을 차지한 데 이어 62년 칠레, 70년 멕시코 대회에서도 조국 브라질을 우승으로 이끌었다. 그는 4번의 월드컵 대회동안 14개 경기에 출전해 12득점을 하였다.

〈신의 손 마라도나〉

1986년 멕시코 대회 준준결승. 아르헨티나의 마라도나가 영국과의 경기 전반 5분에 헤딩으로 골을 넣었다. 그러나 사실 이 골은 헤딩이 아니라 머리 위로 올라간 손에 맞은 것이었다. 하지만 자세히 보지 못한 주심은 골로 선언했다. 마라도나는 후에 "그 손은 내 손이 아니라 신의 손이었다"고 말해 '신의 손'이라는 별명을 얻게 된다. 그는 이 경기에서 추가골을 넣었는데, 중앙선 부근에서부터 잉글랜드의 수비 네 명을 돌파한 단독 드리블이어서 역시 축구 천재의 면모를 과시했다. 이 날의 경기는 아르헨티나 2-1승.

〈거미손 야신〉

금세기 가장 위대한 골키퍼라고 칭송받는 레흐 야신. 1958년 스웨덴 월드컵부터 1966년 잉글랜드 월드컵까지 3회 대회에 연속 출전했던 야신은 1967년 은퇴할 때까지 14년간동안 150차례의 페널티 킥을 막아낸 옛 소련의 전설적인 수문장이다. 역대 월드컵 '베스트 11'을 뽑을 때 한 번도 빠지지 않고 이름이 오를 만큼 최고의 골키퍼로 추앙받고 있다. 국제축구연맹(FIFA)도 그의 공로를 기려 94년 미국 월드컵 때부터 최우수 골키퍼에게 '야신상'을 수여하고 있다.

〈소아마비를 극복한 가린샤〉

브라질의 가린샤는 어릴 때 앓은 소아마비를 극복한 의지와 노력의 선수였다. 드리블의 명수로 불리는 가린샤는 한쪽 다리가 조금 짧기 때문에 오히려 상대 수비가 그의 행동을 예측할 수 없어서 경기장에서 더욱 활약할 수 있었다. 그는 3개 대회 (58스웨덴, 62칠레, 66영국)에서 주전으로 뛰었고, 모두 5골 (62년 4골 우승, 66년 1골)을 넣었다. 1962년 칠레월드컵 때는 칠레와의 4강전에서 골을 넣은 직후 레드 카드를 받아 퇴장당해 '가린샤 클럽'이라는 독특한 클럽의 유래가 되기도 했다.

〈외팔이 선수 카스트로〉

우루과이의 카스트로는 외팔이 선수다. 어릴 때 오른 팔을 다쳐 잘라냈지만 1930년 1회 월드컵대회에서 우승하는 주역을 했다. 그는 아르헨티나와의 결승전에서 1골을 포함해 이 대회에서 모두 2골을 기록했다. 그러나 카스트로는 2회와 3회 월드컵 대회에는 그의 조국이 대회 출전을 거부함으로써 다시 월드컵 경기에 모습을 보일 기회를 갖지 못했다.

〈캐르코프의 깁스〉

네덜란드의 케르코프 선수는 1978년 아르헨티나 대회 첫 경기에서 팔을 다치는 부상을 당해 남은 다섯 경기에 플라스틱 깁스를 한 채로 출전했다. 네덜란드가 결승전에 오르고 케프코프는 그대로 깁스를 하고 출전했으나 상대 팀 아르헨티나의 주장이 플라스틱 깁스는 위험하다는 이의를 제기했다. 주심도 이를 인정해 플라스틱 깁스를 붕대로 교체하도록 지시했고 이 때문에 경기가 9분 지연됐다. 결과는 아르헨티나가 3-1로 우승했다.

5) 월드컵에서 벌어진 불상사들

〈축구전쟁〉

축구가 전쟁을 부르기도 한다.

1970년 멕시코 월드컵 본선 진출을 위해 조 A지역 중앙아메리카 1차 예선을 통과한 엘살바도르와 온두라스가 최종예선 진출을 놓고 경기를 갖게 됐다. 이 두나라는 이전부터 국경분쟁 등으로 서로 감정이 좋지 않은 국가들이었다.

경기는 홈앤드어웨이 방식으로 치러졌는데, 먼저 온두라스에서 가진 1차전은 1-0으로 온두라스가 이겼고 2차전은 엘살바도르의 수도 살바도르에서 열렸다. 관중석을 꽉 채운 양국의 응원단이 대립하는 살벌한 분위기 속에서 3-0으로 엘살바도르가 승리했다. 경기가 끝나자 흥분한 응원단은 난투극을 벌였고 적국에 온 온두라스 사람들은 피투성이가 된 채 트럭에 실려 추방당했다. 경기에도 지고 자국 응원단이 만신창이가 됐다는 소식을 접한 온두라스의 사람들은 엘살바도르 교민들에게 살인과 약탈을 자행했다. 수십 명이 피살됐고 수천만 달러의 재산피해를 입었다. 다음날인 1969년 6월 16일 온두라스 정부는 엘살바도르로부터 수입을 전면 금지시켰고, 엘살바도르는 18일 세계 인권위원회에 온두라스의 살상 행위를 제소했다. 그리고 23일에는 국교단절에 이르렀다.

그래도 월드컵 예선 경기는 계속됐다. 두 나라가 1승 1패의 동률이라서 최종 결정전은 멕시코시티에서 벌였는데 3차전 내내 난폭한 경기끝에 연장 12분 엘살바도르의 결승골로 엘살바도르가 승리를 거뒀다.

축구의 승부는 결판났으나 더 큰 승부가 남아 있었다. 1969년 7월 13일 새벽, 엘살바도르는 온두라스에 선전포고를 하고 온두라스의 주요 도시들을 포격했다. 온두라스도 반격을 개시했으나 전황은 엘살바도르에 유리했다. 밀리기만 하던 온두라스는 2천여 명의 전사자를 내고 7월 18일 굴욕적인 휴전에 합의함으로써 축구에서도 지고 전쟁에서도 지는 치욕을 당했다.

엘살바도르는 2차 예선에서도 아이티와 3차전까지 치러 모두 10경기 16시간의 사투와 전쟁까지 치른 값비싼 월드컵 본선에 올랐다.

〈베른의 전투〉

1954년 스위스 대회 준준결승전에서 브라질과 헝가리가 만났다. 이 경기는 상대 선수들끼리 난투극을 벌여 '베른의 전투'라는 오명을 얻었다. 원인은 전반 4분경 헝가리의 히데쿠티가 선취골을 넣는 순간 브라질의 수비가 히데투티의 팬츠를 찢는 것으로 시작되었다. 브라질 선수 2명, 헝가리 선수 1명이 퇴장당했고 경기 내내 선수들은 서로에게 발길질을 하느라 바빴다. 경기가 끝난 뒤에도 분이 풀리지 않은 브라질 선수들은 헝가리의 라커룸에까지 쳐들어가 난투극을 벌여 여러 명의 부상자를 냈다.

〈조명탄 소녀〉

1990년 이탈리아 대회 남미지역예선.
브라질의 마라카낭 경기장에서 브라질이 1-0으로 이기고 있던 후반 24분경 관중 속의 한 소녀가 던진 조명탄이 칠레 골키퍼 로하스 뒤쪽으로 떨어졌다. 놀란 로하스가 뒤로 넘어지면서 두 손으로 얼굴을 감쌌다. 동요를 일으킨 칠레 선수들은 그 자리에서 경기장을 떠나 자신들의 안전을 보장하라며 끝내 경기장에 다시 들어오지 않았다. FIFA는 칠레에게 경기 중단의 책임을 물어 2-0패와 함께 로하스에게는 거짓 부상으로 경기를 망친 혐의로 평생 출전금지조치를 내렸다. 또 브라질 축구협회에는 사태예방의 책임으로 벌금을 부과했다.
조명탄을 던진 이 브라질의 이 소녀는 힘겹게 앞서고 있던 브라질이 쉽게 본선에 진출하게 되는 결과를 낳게 했다는 이유로 인기가 폭등해 TV광고에도 출연했으며, 90년 이탈리아 월드컵 대회에는 여행사의 홍보원으로 참관했다.

6) 그 밖의 재미있는 일화

〈무효골〉

1982년 스페인 대회 4조 프랑스와 쿠웨이트전.

프랑스가 3-1로 앞서고 있는 상황에서 프랑스의 알렝 기레스가 후반 45분 네 번째 추가골을 넣었다. 그러자 쿠웨이트 선수들은 주심에게 항의했다. 한 관중이 울린 휘슬을 주심의 옵사이드 휘슬로 착각해서 자신들이 행동을 멈추었다는 것이다. 지켜보고 있던 쿠웨이트의 파하드 왕자도 경기장에 들어가 이의를 제기하자 주심은 프랑스의 골을 무효 선언했다. 그 뒤 프랑스는 다시 한골을 넣어 4-1로 이겼다.

무효골이 무려 4골이나 선언된 경우도 있다. 1974년 서독 대회 북중미카리브지역 최종예선에서 트리니다드와 아이티와의 경기. 이 경기에서 살바도르 사람인 주심은 트리니다드가 넣은 4골을 모두 무효로 선언해 4-1로 패했다. 결국 트리니다드의 월드컵 첫 본선진출은 아이티의 첫 본선진출 기회로 바뀌게 되었다.

78년 아르헨티나 대회 3조 브라질과 스웨덴과의 경기 1-1 동점 상황. 브라질의 지코가 코너킥에서 넘어온 공을 헤딩으로 골을 성공시켰으나 바로 그 순간 주심이 종료휘슬을 불어 인정받지 못했다.

〈해트트릭〉

월드컵 사상 최초의 해트트릭은 1930년 우루과이 월드컵에서 아르헨티나의 18세 소년 스타빌레가 기록했다. 전반 8분과 17분, 후반

35분에 혼자 3골을 넣었는데, 스타빌레는 이후 결승전까지 4게임 연속골을 기록하며 모두 8골을 뽑아 월드컵 첫 득점왕에 올랐다.

월드컵 결승전에서 해트트릭을 처음 기록한 선수는 잉글랜드의 조프 허스트다. 허스트는 1966년 7월30일 런던 웸블리구장에서 열린 서독과의 경기에서 전반 18분, 연장 전반 10분, 후반 15분에 잇따라 골을 넣었다. 잉글랜드는 연장전까지 가는 접전끝에 4-2로 서독을 누르고 우승했다. 결승전 해트트릭은 허스트의 기록이 유일하다.

월드컵 경기에서 일어난 일은 아니지만 해트트릭에 관한 재미있는 일화가 있다. 골키퍼가 해트트릭을 기록한 것이다. 2001년 4월 아르헨티나 부에노스아이레스에서 벌어진 남미리그에서 '골넣는 골키퍼' 칠라베르트는 세 번의 페널티 킥을 성공시키며 사상 첫 골키퍼 해트트릭을 기록했다. 칠라베르트가 이날 뽑은 3골은 필드골이 아닌 페널티 킥으로 넣은 골이지만 프로축구가 탄생한 이래 세계 최초의 기록이다.

7) 월드컵 시상

골든슈 (Golden Shoe)

FIFA의 공식 후원사인 아디다스가 제공하는 상으로 최다득점자에게 준다. 2명 이상일 경우는 어시스트의 수로 결정한다. 각 골은 3점, 어시스트는 1점씩으로 계산한다. 2, 3 위에게는 실버슈, 브론즈슈가 돌아간다.

골든볼 (Golden ball)

아디다스가 마련하고 기자들이 투표로 선정한 대회 최우수선수에게 주는 상. 2, 3위 선수에게 실버볼, 브론즈 볼을 수여한다.

최우수 골키퍼상 (야신상)

FIFA의 테크니컬 스터디 그룹이 선정한 각 대회 최우수 골키퍼에게 준다. 1950년대 최고의 러시아 골키퍼 야신이 1990년에 사망한 뒤, 그를 기리기 위해 94년 미국 월드컵부터 주는 상이다.

페어플레이상

FIFA가 90년 이탈리아 대회부터 마련한 상으로, 옐로우 카드와 레드 카드 수, 상대팀, 관중, 심판 등에 대한 태도 등을 종합 평가해서 가장 모범적인 팀에게 주는 상이다.

인기상

관중들로부터 가장 인기를 모으고 적극적이고 흥미있는 경기를 펼친 팀에게 주는 단체상.

월드컵 트로피

FIFA 월드컵을 우승국의 축구협회가 보관했다가 다음 대회 조 추첨이 끝나면 반납하고 영구히 소유할 같은 크기의 복제품을 받는다.

금메달

우승국 선수단에는 40개의 금메달, 2위에는 은메달, 3위에는 동메달이 40개씩 수여된다.

상장

1위부터 4위까지는 순위를 증명하는 FIFA의 상장이 주어진다

메달

월드컵 본선에 출전한 32개국의 선수단에는 FIFA의 기념패를 준다.

〈 역대 월드컵 개최결과 〉

횟수	개최연도	개최국	참가팀	우승팀	득점왕
1회	1930년	우루과이	13팀	우루과이	스타빌레(아르헨티나) 8골
2회	1934년	이탈리아	16팀	이탈리아	스키아비오(이탈리아)외 3명 4골
3회	1938년	프랑스	15팀	이탈리아	레오니다스(브라질) 8골
4회	1950년	브라질	13팀	우루과이	아데미르(브라질) 9골
5회	1954년	스위스	16팀	서독	콕시스(헝가리) 11골
6회	1958년	스웨덴	16팀	브라질	퐁텐(프랑스) 13골
7회	1962년	칠레	16팀	브라질	이바노프(소련), 산체스(칠레), 가린샤(브라질), 바바(브라질) 알베르트(헝가리), 예르코비치(유고슬라비아) 4골
8회	1966년	잉글랜드	16팀	잉글랜드	에우세비오(포르투갈) 9골
9회	1970년	멕시코	16팀	브라질	뮐러(서독) 10골
10회	1974년	서독	16팀	서독	라토(폴란드) 7골
11회	1978년	아르헨티나	16팀	아르헨티나	켐페스(아르헨티나) 6골
12회	1982년	스페인	24팀	이탈리아	로시(이탈리아) 6골
13회	1986년	멕시코	24팀	아르헨티나	리네커(잉글랜드) 6골
14회	1990년	이탈리아	24팀	서독	스킬라치(이탈리아) 6골
15회	1994년	미국	24팀	브라질	살렌코(러시아), 스토이치코프(불가리아) 6골
16회	1998년	프랑스	32팀	프랑스	수케르(크로아티아) 6골
17회	2002년	한국/일본	32팀	브라질	호나우도(브라질) 8골

6. K리그

한국프로축구연맹 (Korean Professional Football League)이 주관하는 프로축구리그.

1983년 한국프로축구연맹이 창설되면서 6개 팀이 세미프로 형식으로 시작하였으며, 현재는 10개 팀이 소속되어 있다. 1983년 당시 3개 프로 팀(대우·유공·포항제철)과 3개 실업팀(국민은행·한일은행·할렐루야)이 참가하였으며, 1984년 현대와 LG가 창단되면서 1987년부터 순수 프로팀인 대우·포항제철·유공·현대·LG의 5개 프로 팀으로 경기를 치렀다. 1989년 일화팀이 창단되었고, 1994년 전북, 1995년 전남, 1996년 삼성, 1997년 대전 시티즌이 10번째 구단으로 창단하면서 본격적인 프로 축구 리그로 자리잡았다.

1995년 연고지 정착제를 시행하였으며, 1999년 200만 명의 관중을 돌파하였고, 2001년 현재 400여 명의 선수가 등록되어 있다.

경기방식은 슈퍼컵, 조별리그컵, 정규리그, 녹다운 토너먼트컵 등으로 진행하다가, 2001년부터 녹다운 토너먼트컵을 폐지하였다. 1999년 시작한 슈퍼컵은 새로운 시즌의 시작을 알리는 대회로, 지난 시즌의 정규 리그 우승팀과 FA컵(Football Association Cup: 대한축구협회컵) 우승팀이 단판으로 승부를 가린다. 조별리그컵은 10개팀이 5개팀씩 A, B조로 나누어 팀당 4경기씩 40경기의 예선 리그를 치르고, 각 조의 수위 팀들끼리 다시 4강전 2경기, 결승전 2경기를 치르는데, 3월부터 5월까지 진행한다.

정규 시즌은 1984년과 1995~1996년은 전기 후기로 나누어 열었으나, 지금은 단일 시즌으로 치른다. 10개 소속팀이 홈앤드어웨이 방식으로 팀당 45경기씩 3라운드로 진행하며, 승리하면 3점, 비기면 1점, 지면 0점을 주어 총점이 가장 높은 팀이 우승하게 된다.

7. 경기장

1) 넓이
- 경기장은 반드시 직사각형이어야 한다.
- 터치 라인의 길이는 골 라인의 길이보다 길어야 한다.
- 길이는 최소 90m, 최대 120m이며
- 너비(폭)는 최소 45m, 최대 90m이어야 한다.
- 그러나 국제 경기는 길이가 최소 100m에서 최대 110m이내여야 하며 너비(폭)는 최소 64m에서 최대 75m이내여야 한다.

2) 경기장의 표시
- 경기장은 명확한 선으로 긋는다. 경계선은 각 지역의 넓이에 포함된다.
- 두 개의 긴 경계선을 터치 라인이라 한다. 두 개의 짧은 경계선을 골 라인이라 한다.
- 모든 선의 폭은 12cm(5인치)를 넘지 않아야 한다.
- 경기장은 중앙선(하프 웨이 라인)에 의하여 둘로 나누어진다.
- 센터 마크는 중앙선의 가운데 지점에 표시한다.
- 센터 서클은 반지름이 9.15m인 원을 그려 표시한다.

3) 골 에어리어(Goal Area) 골 에어리어는 경기장의 각 끝에 한정하여 다음에 따라 표시한다.
- 각 골 포스트의 안쪽에서 코너 쪽으로 5.5m 되는 곳에 골 라인과

직각이 되도록 경기장 안쪽으로 5.5m의 길이가 되게 두 개의 선을 긋고, 그 끝을 골 라인과 평행이 되게 직선으로 연결시킨다.
이 선들과 골 라인으로 둘러싸인 지역을 골 에어리어라 한다.

4) 페널티 에어리어(Penalty Area) 페널티 에어리어는 경기장의 각 끝에 한정하여 다음에 따라 표시한다.
 - 각 골 포스트의 안쪽에서 코너쪽으로 16.5m되는 곳에 골 라인과 직각이 되도록 경기장 안쪽으로 16.5m의 길이가 되게 두 개의 선을 긋고, 그 끝을 골 라인과 평행이 되게 직선으로 연결한다. 이 선들과 골 라인으로 둘러싸인 지역을 페널티 에어리어라 한다.
 - 각 페널티 에어리어 안의 두 골 포스트 중앙에서 11m 되는 지점에 페널티 마크를 표시한다.
 - 페널티 마크에서 반지름이 9.15m인 원호를 페널티 에어리어 밖에 그리고 이를 페널티 아크라고 한다.

5) 플랙 포스트(Flag Post) - 높이 1.5m 이상의 끝이 날카롭지 않은 깃대와 깃발을 각 코너에 설치한다.
 - 중앙선의 양 끝 터치 라인 밖 1m 이상되는 지점에도 깃대를 설치할 수 있다.

6) 코너 아크(Corner Arc)
 - 각 코너 플랙 포스트에서 반지름이 1m인 $\frac{1}{4}$원을 경기장 안쪽에 그린다.

7) 골대(Goal) - 골대는 반드시 각 골 라인의 중앙에 설치한다.
- 양 코너 플랙 포스트에서 같은 거리에 두 개의 포스트를 똑바로 세우고, 두 개의 포스트 윗부분을 수평의 크로스 바로 연결한다.
- 양 포스트의 거리는 7.32m이고, 지면에서 크로스 바의 아래쪽까지의 높이는 2.44m이다.
- 골 포스트와 크로스 바의 폭과 두께는 같아야 하며, 12cm를 초과해서는 안된다.
- 골 라인의 폭은 골 포스트와 크로스 바의 폭과 같아야 한다.
- 골 네트를 골 뒤쪽 지면에 설치할 수 있으나 골키퍼를 방해하지 않도록 완전하게 받쳐 주어야 한다.
- 골 포스트와 크로스 바는 흰색이어야 한다. - 골대는 지면에 안전하게 고정되어야 한다.
- 이동식 골대는 안전에 대한 조건이 갖추어졌다면 사용할 수 있다

〈 축구장 규격 〉

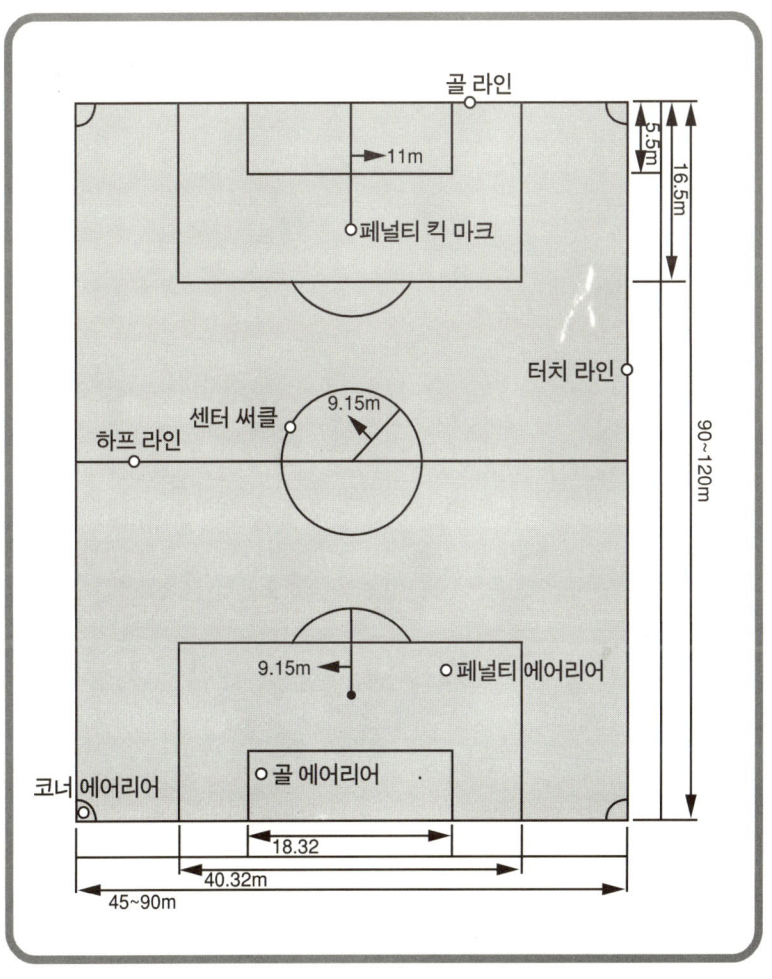

히딩크 리더십유머

발행일   2002. 7. 20

엮은이   편집부 스포츠 팀
발행인   김범수
발행처   문무사
          서울시 용산구 서계동 47-3
          대한통운빌딩 101호
          Tel. 718-6146
          Fax. 718-6145

등 록   제9-31호
          1978년 10월 23일 등록

*잘못 만들어진 책은 바꿔드립니다.

값 8,000원

ISBN 89-86009-15-3 03300